DAS TESTAMENT
DER
FARBIGEN STRAHLEN
DES
LICHTES

Die Frucht des Geistes

ist Liebe, Freude, Friede,
Langmut, Güte, Barmherzigkeit,
Glaube, Sanftmut, Enthaltsamkeit:
Wider solche gibt es kein Gesetz.
Gal 5:22

E. w. I.

T. D. S. d. H. J. C.

S. G.

Erforscht die Schriften.
Joh 5:39

Alles, was zuvor geschrieben worden ist, wurde zu unserer Belehrung geschrieben, damit wir durch die Geduld und den Trost der Schriften Hoffnung haben.
Röm 15:4

WORT GOTTES
GOTT IST GEIST
EWIGER GEIST

Offb 19:13
Joh 4:24
Hebr 9:14

Der die sieben Geister Gottes hat und die sieben Sterne. Offb 3:1

Die Licht-strahlen.

Der Geist der Liebe.
Der Geist des Lebens.
Der Geist der Heiligkeit.
Der Geist der Weisheit.
Der Geist der Seele.
Der Geist der Wahrheit.
Der Geist der Kraft.
Der Geist der Gnade.
Der Geist Christi. 1 Petr 1:11
Der Heilige Geist. Eph 1:13

Welche die sieben Geister Gottes sind, ausgesandt über die ganze Erde. Offb 5:6

Ihr sollt also vollkommen sein, gleichwie euer Vater vollkommen ist. Mt 5:48

Auf dass der Mensch Gottes vollkommen sei. 2 Tim 3:17

Wisst ihr nicht, dass ihr Gottes Tempel seid und der Geist Gottes in euch wohnt? 1 Kor 3:16

Wir sind durch einen Geist alle zu einem Leib getauft. 1 Kor 12:13

Es bestehen aber Unterschiede in den Gnadengaben, doch es ist derselbe Geist. 1 Kor 12:4

Dies alles aber wirkt ein und derselbe Geist, der jedem Menschen besonders zuteilt, wie er will. 1 Kor 12:11

Strebt aber nach den vorzüglicheren Gnadengaben. 1 Kor 12:31

Durch die herzliche Barmherzigkeit unseres Gottes, mit der uns das aufgehende Licht aus der Höhe besucht hat. Lk 1:78

Und das Licht der Sonne wird siebenfach sein wie das Licht von sieben Tagen. Jes 30:26

Suchet den, der das Siebengestirn und den Orion macht. Am 5:8

Er heißt Herr. Vater der Lichter. Jak 1:17

Steh auf, werde licht: denn dein Licht ist gekommen! Jes 60:1

Dafür sollst du sorgen, darin sollst du leben, damit allen deine Fortschritte offenbar werden. 1 Tim 4:15

Öffne mir die Augen, dass ich sehe die Wunder an deinem Gesetz. Ps 119:18

Und der Engel, der mit mir redete, kam wieder und weckte mich wie einen Mann, der aus seinem Schlaf geweckt wird und sprach zu mir: Was siehst du? Ich aber sprach: Ich sehe, und siehe, da steht ein Leuchter, ganz aus Gold, mit einer Schale oben darauf. Sach 4:1,2

Und der GEIST kehrt zurück zu Gott, der ihn gegeben hat. Koh 12:7

Und seine sieben Leuchter auf ihm. Sach 4:2

Und ein Regenbogen war um den Thron. Offb 4:3

Und der Thron Gottes. Offb 22:3

Und sieben Feuerfackeln brannten vor dem Thron, welche die sieben Geister Gottes sind, ausgesandt über die ganze Erde. Offb 4:5

Und Gott sprach: Meinen Regenbogen setze ich in die Wolken, und er sei das Zeichen des Bundes zwischen mir und der Erde. Gen 9:13

DER GEIST DER LIEBE.

Und sein Zeichen über mir ist Liebe. Hld 2:4

Die Roten Strahlen.

Gott ist Liebe. 1 Joh 4:8
Ich bin dein Gott. Dtn 5:6
Ich bin eine Blume von Scharon. Hld 2:1

Liebe.

Lasst uns unser Herz samt den Händen erheben zu Gott. Klgl 3:41
So sollst du nun den Herrn, deinen Gott, lieben. Dtn 11:1
Denn Liebe ist stark wie der Tod. Hld 8:6
So habt euch untereinander beständig lieb aus reinem Herzen. 1 Petr 1:22
Die Liebe tut dem Nächsten nichts Böses. Röm 13:10
Die Liebe ist langmütig, die Liebe ist gütig. 1 Kor 13:4

So sehr hat Gott die Welt geliebt, dass er seinen eingeborenen Sohn gab. Joh 3:16
Niemand hat größere Liebe als die, dass er sein Leben lässt für seine Freunde. Joh 15:13

Die Liebe neidet nicht, sie tut nicht groß, sie bläht sich nicht auf, sie benimmt sich nicht unanständig, sie sucht nicht das ihre, sie lässt sich nicht erbittern, sie rechnet Böses nicht zu, sie freut sich an der Wahrheit, sie erträgt alles, sie glaubt alles, sie hofft alles, sie erduldet alles. Die Liebe hört niemals auf. 1 Kor 13:4-8

Seid einander in brüderlicher Liebe zugetan. Röm 12:10

Mancher Freund ist anhänglicher als ein Bruder. Spr 18:24

Vergebung.

Und vergebt euch untereinander. Kol 3:13

Seid aber gütig zueinander, seid barmherzig und vergebt einander, wie auch Gott euch in Christus vergeben hat. Eph 4:32

Mächtige Wasser können die Liebe nicht auslöschen. Hld 8:7

Vergib doch diese Missetat uns, den Dienern des Gottes deines Vaters. Gen 50:17

In der Liebe eingewurzelt und gegründet. Eph 3:17

Trost.

Darüber weine ich so, und mein Auge fließt von Tränen, denn der Tröster, der meine Seele erquicken sollte, ist ferne von mir. Klgl 1:16

Herr, sieh doch, wie bange ist mir. Klgl 1:20
Die Ängste meines Herzens haben sich vermehrt. Ps 25:17
Mein Frohsinn wandelte sich in Kummer: mein Herz in mir ist krank. Jer 8:18
Wenn ich auch mitten in Bedrängnis wandeln muss, du belebst mich. Ps 138:7

Fürwahr, er trug unsre Krankheit und lud auf sich unsre Schmerzen. Jes 53:4

Du Elende, Sturmbewegte, Ungetröstete! Siehe, Ich will deine Mauern auf Edelsteine stellen und will deinen Grund mit Saphiren legen. Jes 54:11

Seid stille und erkennet, dass Ich Gott bin! Ps 46:10
Gott allen Trostes. 2 Kor 1:3
Ich bin mit dir, damit ich dich errette. Jer 15:20
Der Geist des Trostes.
Ich bin es, der euch tröstet. Jes 51:12
Zu trösten alle Trauernden, dass ihnen Schönheit statt Asche, Freudenöl statt Trauerkleid, Lobgesang statt eines betrübten Geistes gegeben werden. Jes 61:2,3

Euer Herz erschrecke nicht! Joh 14:1
Siehe, Ich bin bei euch. Mt 28:20

Und die Tage deines Leidens sollen ein Ende haben. Jes 60:20

Und Gott wird abwischen alle Tränen von ihren Augen. Offb 21:4

Wenn sich jemand erniedrigt, so wirst du sagen: Es geht empor! Ijob 22:29

Eure Traurigkeit soll in Freude verwandelt werden. Joh 16:20

Tröstet, tröstet mein Volk! Jes 40:1

Damit alle lernen und alle getröstet werden. 1 Kor 14:31

Und ich werde es leiten und ihm Tröstungen gewähren und seinen Trauernden. Jes 57:18

Und er wird euch einen andern Tröster geben, dass er bei euch sei in Ewigkeit. Joh 14:16

Der uns tröstet in all unserer Drangsal, damit wir die trösten können, die in allerlei Drangsal sind, durch den Trost, mit dem wir selbst von Gott getröstet werden. 2 Kor 1:4

DER GEIST DES LEBENS.

Ich bin das Leben. Joh 14:6

Ich bin gekommen, damit sie Leben haben und es in Überfluss haben. Joh 10:10

Ewiges Leben.

Das ist aber das ewige Leben, dass sie dich erkennen, der du allein wahrer Gott bist. Joh 17:3

Welcher unsre Seelen am Leben erhält. Ps 66:9

Der Geist Gottes hat mich gemacht, und der Odem des Allmächtigen hat mir das Leben gegeben. Ijob 33:4

Mit Haut und Fleisch hast du mich bekleidet und mit Knochen und Sehnen mich durchflochten. Leben und Gnade hast du mir gewährt. Ijob 10:11,12

Stärke.

Seid stark. Dtn 31:6

Alles vermag ich durch Christus, der mich kräftigt. Phil 4:13

Und lasst uns laufen mit Geduld in dem Kampf, der uns bestimmt ist. Hebr 12:1

Nach dem Reichtum seiner Herrlichkeit, stark zu werden durch seinen Geist an dem inwendigen Menschen. Eph 3:16

Die auf den Herrn harren, kriegen neue Kraft: Dass sie auffahren mit Flügeln wie Adler: Dass sie laufen und nicht matt werden: Dass sie wandeln und nicht müde werden. Jes 40:31

Denn der Herr Jehova ist ein ewiger Fels. Jes 26:4

Entbiete, Gott, deine Macht. Ps 68:29(28)

Denn er macht fest die Riegel deiner Tore. Ps 147:13

Meine Hand soll ihn erhalten. Ps 89:22 (21)

Stärkt die müden Hände und macht fest die wankenden Knie. Jes 35:3

Sie gehen von Kraft zu Kraft. Ps 84:8 (7)

Du vermehrtest mir in meiner Seele die Kraft. Ps 138:3

Fürchtet euch nicht! Jes 35:4

Seid stark und mutig! Dtn 31:6

Und erschreckt euch nicht, seid mutig und stark, so schreitet ihr voran. Jos 10:25

Ich werde mit dir sein. Ex 3:12

Ich will dich nicht verlassen noch von dir weichen. Jos 1:5

Fürchte dich nicht und erschrick nicht! Dtn 31:8

Keine Versuchung hat euch ergriffen als nur eine menschliche; Gott aber ist treu, der mit der Versuchung auch den Ausweg schaffen wird, so dass ihr sie erdulden könnt. 1 Kor 10:13

Und würdest fest sein und dich nicht fürchten. Ijob 11:15

Selig der Mann, der die Versuchung erduldet! Denn nachdem er bewährt ist, wird er den Siegeskranz des Lebens empfangen, den der Herr denen verheißen hat, die ihn lieben. Jak 1:12

So steht nun fest in der Freiheit! Gal 5:1

Seid Männer! 1 Sam 4:9

Mit Gott werden wir mächtige Taten vollbringen. Ps 60:14(12)

Sieg. Überwinden.

Er schafft Heil mit seiner Rechten und mit seinem heiligen Arm. Ps 98:1

Denn mit dir kann ich Kriegsvolk zerschlagen und mit meinem Gott über Mauern springen. Ps 18:30(29)

Wer siegt, der wird es alles erben. Offb 21:7

Wenn der Feind kommt, wie ein reißender Strom, den der Geist des Herrn vor sich her treibt. Jes 59:19

Fürchte dich nicht vor ihnen: Ich bin mit dir, um dich zu erretten. Jer 1:8

Ein Diener des Herrn aber soll nicht streitsüchtig sein. 2 Tim 2:24

Man soll nicht mehr von Frevel hören in deinem Lande. Jes 60:18

Gott aber sei Dank, der uns den Sieg gibt. 1 Kor 15:57

Wo ist, Totenreich, dein Sieg? 1 Kor 15:55

Verschlungen ist der Tod vom Sieg. 1 Kor 15:54

DER GEIST DER VERHEISSUNG.

Heiliger Geist. Mt 3:11

Die Orangenen Strahlen.

Ist jemand in Christus, so ist er ein neues Geschöpf. 2 Kor 5:17

Erneuerung.

Und es werden über dich kommen und dir zuteil werden alle diese Segnungen. Dtn 28:2

Gesundheit.

Ich werde dich gesund machen. 2 Kön 20:5

Damit im Leib keine Spaltung sei. 1 Kor 12:25

Einheit.

Ein Leib und ein Geist. Eph 4:4

Damit er in sich selber aus den zweien einen neuen Menschen schaffe. Eph 2:15

Und deine Heilung wird schnell sprossen. Jes 58:8

Ich bin mit dir, um dich zu retten und heile dich von deinen Wunden. Jer 30:11.17

So will ich dir keine der Krankheiten auferlegen, die ich den Ägyptern auferlegt habe: denn

Ich bin der Herr, dein Heiler. Ex 15:26

Sei gereinigt! Mt 8:3

Gott, sei mir Sünder gnädig! Lk 18:13

Heile meine Seele und sei mir gnädig! Ps 41:5 (4)

Durch Faulheit senkt sich das Gebälk. Koh 10:18

Werdet im Eifer nicht nachlässig, seid brennend im Geist. Röm 12:11

Wisst ihr nicht, dass ihr Gottes Tempel seid und der Geist Gottes in euch wohnt? 1 Kor 3:16

Dich will ich wieder gesund machen. Jer 30:17

Meine Worte sind das Leben, denen, die sie finden, und heilsam ihrem ganzen Leibe. Spr 4:20,22

Gott der Geister allen Fleisches. Num 27:16

Sollte mir etwas unmöglich sein? Jer 32:27

Betet füreinander, dass ihr gesund werdet. Jak 5:16

Und das Gebet des Glaubens wird den Kranken retten. Jak 5:15

Fürchte dich nicht: ICH bin mit dir. Jes 41:10

Dass ihr eure Leiber hingebt als ein Opfer, das lebendig, heilig und Gott wohlgefällig ist. Röm 12:1

Ein Leib. Eph 4:4

So werde ich doch aus meinem Fleisch Gott schauen. Ijob 19:26

Ein Verstand. 2 Kor 13:11

Erquickt meine Seele. Ps 23:3

Ein Geist. Eph 4:4

In deine Hände befehle ich meinen Geist. Ps 31:6 (5)

Einweihung. Heilig, heilig, heilig ist der Herr Zebaoth. Jes 6:3

Das ist vom Herrn geschehen und ist ein Wunder vor unsern Augen. Ps 118:23

Ich aber: Gott zu nahen ist mir gut. Ps 73:28
Es war gut für mich, dass ich gedemütigt wurde. Ps 119:71
Lobe den Herrn, meine Seele, und vergiss nicht, was er dir Gutes getan hat:
Der dir alle deine Sünde vergibt und heilet alle deine Gebrechen,
Der dein Leben vom Verderben erlöst. Ps 103:2-4

DER GEIST DER WEISHEIT.

Die Gelben Strahlen.

Geist der Weisheit und des Verstandes. Jes 11:2

Der Weisheit Anfang ist die Furcht des Herrn. Spr 9:10

Vernünftigkeit.

Der Herr gibt Weisheit. Spr 2:6

Und alles, was du wünschen magst, ist ihr nicht zu vergleichen. Spr 3:15

Wenn du sie umarmst, sie verleiht deinem Haupt einen anmutigen Kranz: eine prächtige Krone reicht sie dir dar. Spr 4:8,9

Die Furcht des Herrn mehrt die Tage.

Wissen.

Der Weisen Zunge ziert das Wissen. Spr 10:27

Wie viel besser ist es Weisheit zu erwerben als Gold. Spr 15:2 Spr 16:16

Gold und Kristall sind dir nicht vergleichbar. Ijob 28:17

Ich gebe dir verborgene Schätze, die in dunklen Orten versteckt sind. Jes 45:3

Ebenso erkenne die Weisheit für deine Seele. Spr 24:14

Weisheit beschirmt. Koh 7:12

Nachsicht.

Richtet nicht, damit ihr nicht gerichtet werdet. Mt 7:1

Richtet nicht nach dem äußeren Anschein, sondern richtet recht. Joh 7:24

Gerechtigkeit war mein Kleid, das ich anzog, und mein Recht war mir Mantel und Kopfbund. Ijob 29:14

Auf ihm wird ruhen der Geist des Herrn, der Geist der Weisheit und des Verstandes, der Geist des Rates und der Stärke, der Geist des Wissens und der Furcht des Herrn. Jes 11:2

Mitleid. Ein barmherziger Mensch erweist seiner Seele Gutes. Spr 11:17

Richtet recht, und erweist Güte und Barmherzigkeit. Sach 7:9

Nachdenken. Besonnenheit wird dich bewahren. Spr 2:11

Der das Seine ordnet, nach dem Recht. Ps 112:5

Bewahre Umsicht und Besonnenheit! Spr 3:21

Dass man Unterweisung empfange, die einsichtig macht, Gerechtigkeit, Recht und Aufrichtigkeit; damit den Unverständigen Klugheit verliehen werde, den Jünglingen Erkenntnis und Besonnenheit. Spr 1:3,4

Erleuchten. Ich bin als Licht in die Welt gekommen. Joh 12:46

Sende dein Licht. Ps 43:3

Ja, du machst hell meine Leuchte. Ps 18:29(28)

Da steht ein Leuchter, ganz aus Gold. Sach 4:2

Da seine Leuchte über meinem Haupt schien und ich bei seinem Licht durch die Finsternis ging. Ijob 29:3

So lasst euer Licht leuchten vor den Leuten. Mt 5:16

Der Herr, mein Gott, macht meine Finsternis licht. Ps 18:29(28)

Anweisung. Jetzt bin ich ausgegangen, um dich Verständnis zu lehren. Dan 9:22

Mein Auge ist über dir. Ps 32:8

Und er leitete sie auf rechtem Weg. Ps 107:7

Dann wird dein Licht hervorbrechen wie die Morgenröte. Jes 58:8

Das Licht der Gerechten brennt fröhlich. Spr 13:9

Erfrischung. Seid allezeit fröhlich. 1 Tess 5:16

Du hast Freude in mein Herz gegeben. Ps 4:7

Freude und Wonne werden sie erlangen. Jes 35:10

Jauchzet, ihr Himmel; freue dich, Erde! Jes 49:13

Meine Seele wird sich freuen des Herrn. Ps 35:9

Lasst uns mit Lobpreis vor SEIN Angesicht treten. Ps 95:2

Dass eure Freude vollkommen sei. Joh 16:24

Und ewige Freude wird über ihrem Haupte sein. Jes 35:10

Wohl dem Volk, das den Jubelruf kennt: Herr, sie gehen im Licht deines Angesichts. Ps 89:16 (15)

Sie jauchzen, ja, sie singen. Ps 65:14 (13)

Wir sind die Diener des Gottes des Himmels. Esr 5:11

Geliebte, jetzt sind wir Kinder Gottes. 1 Joh 3:2

Singet Gott: lobsinget seinem Namen! Ps 68:5 (4)

Wohl dem, der seinen Köcher mit ihnen gefüllt hat! Ps 127:5

Lobe den Herrn, meine Seele. Ps 104:1

Alles Fleisch lobe SEINEN heiligen Namen. Ps 145:21

Lobpreisung. Lobe den Herrn, meine Seele, und vergiss nicht alle seine Wohltaten. Ps 103:2

Alles, was Odem hat, lobe den Herrn! Ps 150:6

DER EWIGE GEIST.

Die Grünen Strahlen. — Ich habe dich beim Namen gerufen. Jes 43:1

Der Herr kennt die sein sind. 2 Tim 2:19

Der Eine. — Und du sollst ihm den Namen Jesus geben. Lk 1:31

Wachstum. — Was der Mensch sät, das wird er ernten. Gal 6:7

Erzeugt. — Und Gott der Herr pflanzte einen Garten in Eden. Gen 2:8

Und Gott der Herr nahm den Menschen und setzte ihn in den Garten Eden,

Ursächlichkeit. — Ihn zu bebauen und ihn zu bewahren. Und in ihm war der Baum des Lebens. Gen 2:15

Folge. — Und der Baum der Erkenntnis des Guten und Bösen. Gen 2:9

Siehe, der Bauer wartet auf die kostbare Frucht der Erde und ist dabei geduldig. Jak 5:7

Er steht grün vor der Sonne; und seine Zweige überwuchern seinen Garten. Ijob 8:16

Und Äcker besäten und Weinberge pflanzten, die jährlich Früchte trugen. Ps 107:37

Die Frucht der Gerechtigkeit aber wird gesät in Frieden. Jak 3:18

Dass sie genannt werden Bäume der Gerechtigkeit. Jes 61:3

Und wie ein Garten seine Saat sprießen lässt, so lässt der Herr Jehova Gerechtigkeit sprießen und Ruhm vor allen. Jes 61:11

Die Herrlichkeit des Libanon wird zu dir kommen, Zypressen, Buchsbaum und Kiefern miteinander, zu schmücken den Ort meines Heiligtums. Jes 60:13

Du hast einen Weinstock aus Ägypten geholt. Ps 80:9,11(8,10)

Wachsen. Die Berge wurden bedeckt von seinem Schatten.

Befruchtung. Ich bin der wahre Weinstock, ihr seid die Reben. Wer in mir bleibt und Ich in ihm, der bringt viel Frucht. Joh 15:5

Denn wenn wir darin nicht nachlassen, werden wir ernten, sobald die Zeit dafür gekommen ist. Gal 6:9

Der Baum des Lebens.

Ich aber bin wie ein grüner Olivenbaum im Haus Gottes. Ps 52:10 (8)

Ein saftig-grüner, schöner, fruchtbarer Ölbaum. Jer 11:16

Der Gerechte wird grünen wie ein Palmbaum. Ps 92:13(12)

Dass uns der Herr Gutes tue und unser Land seine Frucht gebe. Ps 85:13(12)

Wir aber, dein Volk, die Schafe deiner Weide, wir wollen dich ewig preisen. Ps 79:13

Wir gehen zu deinen Toren ein mit Danken und zu deinen Vorhöfen mit Loben. Ps 100:4

Tu an mir ein Zeichen zum Guten. Ps 86:17

Bereicherung. Der Herr macht arm und macht reich. 1 Sam 2:7

Trachtet zuerst nach dem REICH Gottes und nach SEINER Gerechtigkeit: so wird euch das alles dazu gegeben werden. Mt 6:33

Fürchte dich nicht, du kleine Herde! Denn es hat eurem Vater wohlgefallen, euch das REICH zu geben. Lk 12:32

Liebet den Herrn, denn die IHN lieben, haben keinen Mangel. Ps 34:10 (9)

Der Herr ist mein Hirte, mir wird nichts mangeln. Ps 23:1

Der unausforschliche Reichtum Christi. Eph 3:8

Du bist mein Sohn, heute habe ich dich gezeugt. Hebr 1:5

Bitte mich, so will ich dir geben. Ps 2:8

Bittet, so wird euch gegeben. Mt 7:7

Der Herr erhöre dich am Tag der Bedrängnis: Er gebe dir, was dein Herz begehrt, und erfülle alles, was du vorhast! Ps20:2,5(1,4)

Mein ist das Silber, und mein ist das Gold. Hag 2:8

So wird der Allmächtige dein Gold sein und wie Silber, das dir zugehäuft wird. Ijob 22:25

Freu dich innig am Herrn! Dann gibt er dir, was dein Herz begehrt. Ps 37:4

Jeder Tag hat an seinem Übel genug. Mt 6:34

Gebt, so wird euch gegeben. Ein volles, gedrücktes, gerütteltes und überfließendes Maß. Lk 6:38

Wohlergehen. Lasst die Leute sich auf das Gras setzen. Joh 6:10

Im Land gebe es Korn in Fülle, auf dem Gipfel der Berge. Ps 72:16

Und eure Gebeine werden sprossen wie Gras. Jes 66:14

Du tust deine Hand auf, sie werden gesättigt mit Gutem. Ps 104:28

Dann führte er sie heraus mit Silber und Gold. Ps 105:37

Er ströme wie Regen herab. Ps 72:6

In seinen Tagen wird der Gerechte blühen. Ps 72:7

Bittet den Herrn. Der Herr lässt Gewitterwolken entstehen, er füllt sie mit Regen und gibt den Menschen das Grün auf dem Feld. Sach 10:1

Und der Herr wird machen, dass du Überfluss an Gutem haben wirst. Dtn 28:11

Wer festen Sinnes ist, dem bewahrst du Frieden. Jes 26:3

Die Überlegungen des Fleißigen bringen nur Überfluss. Spr 21:5

Mein Sohn, du bist allezeit bei mir und alles, was mein ist, das ist dein. Lk 15:31

O welch eine Tiefe des Reichtums, der Weisheit und der Erkenntnis Gottes. Röm 11:33

So soll der Libanon fruchtbares Land werden. Jes 29:17

Gedenken. Der Herr hat unser gedacht. Ps 115:12

Und sie hörten die Stimme Gottes, des Herrn, der im Garten wandelte bei der Kühle des Tages. Gen 3:8

Eure Frucht bleibt. Joh 15:16

Aber wenn der Tröster kommt, der Heilige Geist, den mein Vater senden wird in meinem Namen, DER wird euch alles lehren und euch an alles erinnern, was ich euch gesagt habe. Joh 14:26

Denk an deinen Schöpfer. Kol 12:1

Erneuert euch aber in eurem Geist und Sinn. Eph 4:23

Meine Seele dürstet nach DIR. Mein Leib schmachtet nach DIR im dürren, lechzenden Land ohne Wasser. Ps 63:2 (1)

Erfrischung. Ich werde Wasser gießen auf den Durstigen. Jes 44:3

Das Wasser, das ICH ihm geben werde, das wird in ihm eine Quelle des Wassers werden, das in das ewige Leben quillt. Joh 4:14

Aufziehen. Nähr mich mit dem Brot, dass mir nötig ist. Spr 30:8

Ich bin das Brot des Lebens. Joh 6:48

Wer von diesem Brot isst, der wird leben in Ewigkeit. Joh 6:51

Trink – Ströme lebendigen Wassers werden fließen. Joh 7:38

Aufwachsen. Seid als neugeborene Kindlein begierig nach der unverfälschten Milch des Wortes. 1 Petr 2:2

Den Kelch, den mir mein Vater gegeben hat. Joh 18:11

Das Wort war Gott. Joh 1:1

Feste Speise aber ist für die Vollkommenen. Hebr 5:14

Dein Zeitalter wird heller als der Mittag. Ijob 11:17

Erneuern. Denn ein Baum hat Hoffnung, auch wenn er abgehauen ist; er kann wieder ausschlagen, und seine Triebe bleiben nicht aus. Ijob 14:7

Wiedergeburt. Deine Jugend erneuert sich wie bei einem Adler. Ps 103:5

Noch im hohen Alter tragen sie Frucht. Ps 92:15(14)

Und du erneuerst das Antlitz der Erde. Ps 104:30

Und ich werde euch die Jahre erstatten, die die Heuschrecke gefressen hat. Joel 2:25

Die Steppe wird jubeln und wird blühen wie die Lilien, üppig wird sie blühen. Jes 35:1,2

Tu wohl deinem Diener. Ps 119:17

Um zu sättigen die Wildnis und Öde.

Und um gedeihen zu lassen die Triebe des frischen Grases. Ijob 38:27

Ich werde die Wüste zu Wasserstellen machen und das dürre Land zu Wasserquellen. Jes 41:18

Du wirst heller sein und sogar, wenn du Finsternis bist, wirst du wie die Morgenröte. Ijob 11:17

Hoffnung. Harre auf Gott. Ps 43:5

Die vorhandene Hoffnung haben wir als einen sicheren und festen Anker unsrer Seele. Hebr 6:19

Und du fühlst dich sicher, weil es
Hoffnung gibt. Ijob 11:18
Die Hoffnung aber lässt nicht zu
Schanden werden. Röm 5:5
Sie hofft alles. Nun aber bleiben –
Glaube, Hoffnung, Liebe – diese drei. 1 Kor13:7,13
Sei stille dem Herrn und warte auf ihn. Ps 37:7

Ausruhen. Kommt her zu mir, alle, die ihr mühselig
und beladen seid; und ich werde euch
Ruhe geben. Mt 11:28
Auch mein Leib wird in Sicherheit
ruhen. Ps 16:9
Unter dem Schatten des Allmächtigen:
du fürchtest dich nicht vor dem Schrecken
der Nacht, vor dem Pfeil, der am Tag
fliegt. Ps 91:1,5
Der Herr ist dein schützender Schatten
zu deiner Rechten.
Der Herr behüte dich vor allem Übel. Ps 121:5,7
Er verwandelt den Sturm in Stille, und
es legen sich die Wellen. Ps 107:29
Die Berge bringen Frieden für das Volk. Ps 72:3
Lotosbüsche bedecken ihn. Ijob 40:22
Dort ruht sich der Müde aus.
So werdet ihr Ruhe finden für eure Seelen. Mt 11:29

Frieden. Schweig, sei still! Mk 4:39
Meinen Frieden gebe ich euch. Joh 14:27
Friede sei in deinen Mauern. Ps 122:7
Dein Herz bewahre meine Gebote;

denn Länge der Tage und Jahre des Lebens
und Frieden mehren sie dir. Spr 3:1,2

Das ist die Ruhe; schafft Ruhe dem
Erschöpften. Jes 28:12
In Frieden will ich mich niederlegen und
schlafen, denn allein Du, Herr, lässt mich
in Sicherheit wohnen. Ps 4:9 (8)
Im Übrigen, Brüder, freut euch, lasst
euch vollkommen machen, lasst euch
ermuntern, seid eines Sinnes, haltet
Frieden! 2 Kor 13:11
Und dies ist der Ruheplatz. Jes 28:12
Er weidet mich auf grünen Auen.
Er erquicket meine Seele. Ps 23:2,3
Ich bin die Auferstehung und das Leben. Joh 11:25
Die Auferstehung von den Toten. Röm 1:4
Es wird gesät in Vergänglichkeit, es wird
auferweckt in Unvergänglichkeit. 1 Kor 15:42(43)
Und der Geist kehrt zurück zu Gott, der ihn
gegeben hat. Koh 12:7
Von Ewigkeit zu Ewigkeit. Offb 22:5

Amen.

DER GEIST DER WAHRHEIT.

Die Blauen Strahlen. Ich bin die Wahrheit. Joh 14:6

Wahrheit. Haupt deines Wortes ist die Wahrheit. Ps 119:160

Seine Gründung ist auf den heiligen Bergen. Ps 87:1

Der Herr hat seinen Thron im Himmel errichtet. Ps 103:19

Er spannt den Himmel aus wie ein Zeltdach. Jes 40:22

Kommt, lasst uns auf den Berg des Herrn gehen.

Dass er uns lehre seine Wege.

Und wir gehen auf seinen Steigen! Jes 2:3

Wohlklang. Ihre Wege sind liebliche Wege, und alle ihre Steige sind Frieden. Spr 3:17

Schönheit. Denn groß ist seine Güte und herrlich ist seine Schönheit. Sach 9:17

Weiter, liebe Brüder: Was wahrhaftig ist, was ehrbar, was gerecht, was rein, was liebenswert, was einen guten Ruf hat, sei es eine Tugend, darauf seid bedacht! Phil 4:8

Wie lieblich sind auf den Bergen die Füße dessen, der frohe Botschaft bringt, der Frieden verkündet. Jes 52:7

Wach auf, wach auf, kleide dich in deine Prachtgewänder. Jes 52:1

Deine Augen werden den König sehen in seiner Schönheit. Jes 33:17

Einheit. Siehe, wie gut und lieblich ist's, wenn Brüder miteinander in Eintracht wohnen! Ps 133:1

Zu wahren die Einigkeit im Geist durch das Band des Friedens. Eph 4:3

Selig sind die Friedfertigen. Mt 5:9

Recht-schaffenheit. Verwurzelt und auferbaut in ihm. Kol 2:7

Ich will deinen Grund mit Saphiren legen und deine Mauern aus Achat und alle deine Grenzen von erlesenen Steinen. Jes 54:11,12

Schön ragt empor der Berg Zion, eine Freude der ganzen Erde. Ps 48:2

Ich hebe meine Augen auf zu den Bergen, woher mir Hilfe kommt.

Meine Hilfe kommt vom Herrn, der Himmel und Erde gemacht hat. Ps 121:1,2

Ich wandle in deiner Wahrheit. Ps 86:11

Lasst uns anständig wandeln. Röm 13:13

Lehre mich, Herr, deinen Weg. Ps 27:11

Sende dein Licht und deine Wahrheit, dass sie mich leiten. Ps 43:3

Wer darf weilen in deinem Zelt?

Wer darf wohnen auf deinem heiligen Berge?

Wer untadelig lebt und tut, was recht ist,

Und die Wahrheit redet von Herzen. Ps 15:1,2

Deine Wahrheit bleibt in der Ewigkeit.

Deine Ratschlüsse von alters her sind treu und wahrhaftig. Jes 25:1

So steht nun fest, umgürtet an euren Lenden mit Wahrheit.

Glaube.

Ergreift den Schild des Glaubens und das Schwert des Geistes, welches ist das Wort Gottes. Eph 6:14,16,17

Und alle Ordnungen deiner Gerechtigkeit währen ewiglich. Ps 119:160

Im Anfang war das Wort, und das Wort war bei Gott. Joh 1:1

Für alle, die dich fürchten, hast du ein Zeichen aufgestellt, damit sie sich erheben vor der Wahrheit. Ps 60:4

Ich habe erwählt den Weg der Wahrheit. Ps 119:30

Stärke uns den Glauben! Lk 17:5

Ich glaube, Herr. Mk 9:24

Meine Wahrheit und meine Gnade werden mit ihm sein. Ps 89:25 (24)

Treue.

Sei treu bis zum Tod, und ich werde dir den Siegeskranz des Lebens geben. Offb 2:10

Treu und Wahrhaftig. Offb 19:11

Recht so, du tüchtiger und treuer Diener, geh hinein zu deines Herrn Freude! Mt 25:23

Diese Worte sind treu und wahrhaftig. Offb 22:6

Gerechtigkeit blickt vom Himmel hernieder.

Wahrheit sprosst aus der Erde hervor. Ps 85:12 (11)

Gerecht und gerade ist Er, Gott der Wahrheit. Dtn 32:4

DER GEIST DER KRAFT.

Die Violetten Strahlen.

Durch die Kraft des Geistes Gottes. Röm 15:19

Der Herr hat seinen Thron im Himmel errichtet, und sein Reich herrscht über alles. Ps 103:19

Kraft.

Das Reich Gottes besteht nicht in Worten, sondern in Kraft. 1 Kor 4:20

Das Reich Gottes ist innerhalb von euch. Lk 17:21

Güte.

Deine Huld macht mich groß. 2 Sam 22:36

Die Geduld aber soll ein vollkommenes Werk haben. Jak 1:4

Demütigen Geistes. Jes 57:15

Denn wer hat da den Tag der kleinen Dinge verachtet? Sach 4:10

Nicht durch Macht und nicht durch Kraft, sondern durch meinen Geist, spricht der Herr Zebaoth. Sach 4:6

Der Größte unter euch soll euer Diener sein. Mt 23:11

Geht hin, verkündet meinen Brüdern, dass sie hingehen nach Galiläa, und dort werden sie mich sehen. Mt 28:10

Nach deinem Rat leitest du mich und nachher nimmst du mich in Herrlichkeit auf. Ps 73:24

Ehre.

So gebt nun jedem, was ihr schuldig seid: Ehre, dem die Ehre gebührt. Röm 13:7

Reden sollen sie von der herrlichen

Pracht DEINER Majestät und DEINEN Wundern nachsinnen. Ps 145:5

Ruhmvoll und herrlich ist sein Tun. Ps 111:3

Bringet dar dem Herrn, ihr Söhne des Starken, die Herrlichkeit seines Namens. Ps 29:1,2

Gottlieben.

Heilig und furchterregend ist sein Name. Ps 111:9

Fürchtet Gott, ehrt den König! 1 Petr 2:17

Der Mensch wird nach seinem Schöpfer schauen und seine Augen auf den Heiligen Israels richten. Jes 17:7

Großherzigkeit, Freigiebigkeit u. Barmherzigkeit.

Wohl dem, der sich des Schwachen annimmt: am Tag des Unheils wird der Herr ihn erretten. Ps 41:1

Der unsre Seelen am Leben erhält und lässt unsere Füße nicht gleiten. Ps 66:9

Mächtigkeit.

Ich bin mächtig zu retten. Jes 63:1

Sie haben durch Gott die Macht. 2 Kor 10:4

Stark zu werden durch SEINEN Geist an dem inwendigen Menschen. Eph 3:16

Zuletzt, meine Brüder, seid stark in dem Herrn und in der Macht seiner Stärke. Eph 6:10

DER GEIST DER GNADE.

Die Amethystenen Strahlen.

Die Gnade unseres Herrn Jesus Christus. Offb 22:21

Rettung.

Gott will, dass alle Menschen gerettet werden. 1Tim 2:4

Und wenn jemand nicht gefunden wurde geschrieben in dem Buch des Lebens, der wurde geworfen in den Feuersee. Offb 20:15

Darum, weil wir ein unerschütterliches Reich empfangen, lasst uns dankbar sein, wodurch wir Gott wohlgefällig dienen mit Scheu und Ehrfurcht; denn unser Gott ist ein verzehrendes Feuer. Hebr 12:28,29

Und ich will den dritten Teil durchs Feuer gehen lassen:

Und läutere sie, wie man Silber läutert,
Und prüfe sie, wie man Gold prüft. Sach 13:9
Geläutert siebenmal. Ps12:7 (6)

Ich bitte nicht, dass du sie aus der Welt nimmst, sondern dass du sie vor dem Bösen bewahrst. Joh 17:15

Und sie werden mir, spricht der Herr Zebaoth, zum Eigentum sein,

An dem Tag, den ich herbeiführe. Mal 3:17
Dann sind sie Steine an seinem Diadem,

Sie funkeln in seinem Lande. Sach 9:16

Und der Herr wird über ihnen erscheinen. Sach 9:14

Und ich, wenn ich erhöht werde von der Erde, so will ich alle zu mir ziehen. Joh 12:32

Sanftmut.

Siehe, dein König kommt zu dir sanftmütig. Mt 21:5

Nehmt auf euch mein Joch und lernt von mir; denn ich bin sanftmütig und von Herzen demütig; so werdet ihr Ruhe finden für eure Seelen. Mt 11:29

Nicht uns, nicht uns, Herr, sondern DEINEM Namen gib Ehre. Ps 115:1

Selig sind die Sanftmütigen. Mt 5:5

Vollkommenheit.

Darum sollt ihr vollkommen sein, wie euer Vater im Himmel vollkommen ist. Mt 5:48

Denn siehe, das Reich Gottes ist innerhalb von euch. Lk 17:21

Heiligkeit.

Denn ich bin Gott, nicht ein Mensch, der Heilige in deiner Mitte. Hos 11:9

Der Thron des Herrn ist im Himmel. Ps 11:4

Anbetung.

Und als sie ihn sahen, fielen sie vor ihm nieder. Mt 28:17

Die fünf Sinne.

An jenem Tag werden fünf Städte im Land Ägypten sein, die die Sprache Kanaans sprechen und dem Herrn der Heerscharen schwören werden. Jes 19:18

Denn in den Tagen der Stimme des

siebten Engels, wenn er posaunen wird, dann ist vollendet das Geheimnis Gottes. Offb 10:7

Beten. Alleinsein.

Wenn du aber betest, so geh in dein Kämmerlein und schließ die Tür zu und bete zu deinem Vater, der im Verborgenen ist; und dein Vater, der in das Verborgene sieht, wird dir's vergelten. Mt 6:6

Euer Vater weiß, was ihr braucht. Mt 6:8

Trachtet aber zuerst nach dem Reich Gottes und nach seiner Gerechtigkeit, dann wird euch alles andere dazu gegeben werden. Mt 6:33

Rief Gott ihn aus dem Dornbusch und er antwortete: Hier bin ich. Gott sprach: Höre, zieh deine Schuhe von deinen Füßen; denn der Ort, darauf du stehst, ist heiliges Land! Ex 3:4,5

1. Der physische Mensch.
2. Der mentale Mensch.

An jenem Tag wird eine Straße sein von [1] Ägypten nach [2] Assyrien: dass die Assyrer nach Ägypten und die Ägypter nach Assyrien kommen und die Ägypter samt den Assyrern Gott dienen.

3. Der geistige Mensch.

An jenem Tag wird Israel der Dritte sein mit den Ägyptern und Assyrern: Ein Segen mitten auf Erden: denn der Herr der Heere wird sie segnen und sprechen: Gesegnet bist du, Ägypten, mein Volk, und du,

Assur, meiner Hände Werk, und du, Israel, mein Erbe! Jes 19:23-25

So will ich euch erlösen, dass ihr gesegnet sein sollt. Fürchtet euch nicht: eure Hände seien stark! Sach 8:13

Heiliges Volk. Jes 62:12

Heilig dem Herrn. Sach 14:20

Und die Herrlichkeit, die du mir gegeben hast, habe ich ihnen gegeben, dass sie eins seien, wie wir eins sind: Ich in ihnen und Du in mir, dass sie in eins vollendet seien. Joh 17:22,23

Vollenden.

So wurden Himmel und Erde vollendet und ihr ganzes Gefüge. Und Gott vollendete am siebten Tag sein Werk, das er geschaffen hatte; und er ruhte am siebten Tag von all seinem Werk.

Und Gott segnete den siebten Tag und heiligte ihn. Gen 2:1-3

Und Gott sah, dass es gut war. Gen 1:10

Darum lasst uns hinzutreten mit Freimütigkeit zu dem Thron der Gnade, damit wir Barmherzigkeit empfangen und Gnade finden zu der Zeit, wenn wir Hilfe nötig haben. Hebr 4:16

Ich habe dich verherrlicht auf Erden; das Werk habe ich vollendet, welches du mir gegeben hast, dass ich es tun sollte. Joh 17:4

Nun ist das Heil und die Kraft und das Reich unseres Gottes geworden und die Macht SEINES Christus. Offb 12:10

Wenn ihr meine Gebote haltet, werdet ihr in meiner Liebe bleiben, so wie ich die Gebote meines Vaters gehalten habe und in seiner Liebe bleibe. Joh 15:10

DER GEIST CHRISTI.

Die Diamantenen
Weißen Strahlen.
Fülle.

Der die sieben Siegel löst.
Öffnet die sieben Augen;
Bringt die sieben Hörner zum Wachsen;
Erhält die sieben Kirchen;
Erschafft die sieben Sterne;
Entzündet die sieben Leuchter;
Weiht die sieben Tage;
Sendet die sieben Geister aus;
vereint alles zu einem Ganzen; erschafft den Göttlichen Einklang der großen und der kleinen Welten; verteilt die vorbestimmten Güter; führt zum Göttlichen HERZEN der LIEBE. Belebt und erschafft; erzeugt und gebiert; bereichert und verschönert; streichelt und tröstet; segnet und bescheint. Erfreut alles Lebendige; erleuchtet und macht weise. Umfasst das Wissen; macht die gesamte Göttliche Liebe, Weisheit und Wahrheit offenbar.

Es war der Wille des Herrn: Er musste leiden und geschlagen werden:

Wenn er sein Leben als Schuldopfer einsetzen wird:

Soll er Samen sehen, er wird

seine Tage verlängern, und der Wille des Herrn wird durch seine Hand gelingen.

Um der Mühsal seiner Seele willen wird er Frucht sehen, er wird sich sättigen:

Durch seine Erkenntnis wird er, mein Diener, der Gerechte, den vielen Gerechtigkeit schaffen:

Denn ihre Sünden wird er sich selbst aufladen.

Deshalb gebe ich ihm seinen Anteil unter den Großen und mit den Mächtigen teilt er die Beute, weil er sein Leben dem Tod preisgab und sich unter die Verbrecher rechnen ließ. Denn er trug die Sünden von
vielen und trat für die Schuldigen ein. Jes 53:10-12

Christus Licht der Welt. Joh 8:12

So lasst euer Licht leuchten vor den Leuten, damit sie euren Vater im Himmel
preisen. Mt 5:16

Und siehe, eine große Volksmenge, die niemand zählen konnte, aus allen Nationen und Stämmen und Völkern und Sprachen; die standen vor dem Thron und vor dem Lamm, angetan mit weißen Kleidern und
mit Palmzweigen in ihren Händen. Offb7:9

Siehe, ein Thron stand im Himmel und
auf dem Thron saß einer. Offb 4:2

Und er zeigte mir einen reinen Strom

vom Wasser des Lebens, klar wie Kristall; er geht vom Thron Gottes und des Lammes aus. Offb 22:1

Und ich sah: Zwischen dem Thron und den vier Lebewesen und mitten unter den Ältesten stand ein Lamm. Offb 5:6

Seht, das Lamm Gottes! Joh 1:36

Ich will meinen Diener kommen lassen, den Spross.

Denn siehe, der Stein, den ich vor Jesus hingelegt habe, auf diesem einen STEIN sind sieben Augen: ICH will seine Inschrift eingravieren, spricht der Herr Zebaoth. Sach 3:8,9

Habt ihr denn nicht dieses Schriftwort gelesen: »DER STEIN, den die Bauleute verworfen haben, der ist zum Eckstein geworden; vom Herrn ist das geschehen und es ist wunderbar in unseren Augen.« Mk 12:10,11

Darum spricht der Herr Jehova: Siehe, ich lege in Zion einen Grundstein, einen bewährten STEIN, einen kostbaren Eckstein, der fest gegründet ist: Wer an IHN glaubt, wird nicht bloßgestellt werden. Und ich will das Recht zur Richtschnur und die Gerechtigkeit zur Waage machen. Jes 28:16,17

Und so, ihr, die ihr euch diesem STEIN nähern wollt, legt nun ab alle Bosheit und allen Betrug und Heuchelei und Neid und alle üble Nachrede;

Seid als neugeborene Kindlein begierig nach der unverfälschten Milch des Wortes, damit ihr durch sie wachset zu eurem Heil, da ihr ja geschmeckt habt, dass »der Herr gütig ist« : Zu ihm kommt als zu dem lebendigen Stein, der von den Menschen verworfen ist, aber bei Gott auserwählt und kostbar. Und auch ihr als lebendige Steine erbaut euch zum geistlichen Hause und zur heiligen Priesterschaft, zu opfern geistliche Opfer, die Gott wohlgefällig sind durch Jesus Christus. 1 Petr 2:1-5

Und ich hörte eine große Stimme von dem Thron her, die sprach: Siehe da, das ZELT Gottes bei den Menschen und er wird bei ihnen wohnen; und sie werden SEIN Volk sein und er selbst: Gott mit ihnen, wird ihr Gott sein. Offb 21:3

Und Gott sprach: Meinen Regenbogen setze ich in die Wolken, und er sei das Zeichen des Bundes zwischen mir und der Erde auf ewige Generationen hin. Alsdann will ich gedenken meines Bundes zwischen mir und euch und allem lebendigen Getier unter allem Fleisch. Gen 9:12-15

Siehe, ich, der Herr, bin der Gott allen Fleisches. Jer 32:27

DAS REICH der HIMMEL ist nahe. Mt 3:2

Und ich sah und ich hörte eine Stimme von vielen Engeln rings um den Thron und um die Lebewesen und die Ältesten; und ihre Zahl war Zehntausende mal Zehntausende und Tausende mal Tausende.

Sie riefen mit lauter Stimme: Würdig ist das Lamm, das geschlachtet wurde, Macht zu empfangen und Reichtum und Weisheit und Stärke und Ehre und Herrlichkeit und Lobpreis.

Und jedes Geschöpf, das im Himmel[1.] und auf der Erde und unter der Erde[2.] und im Meer[3.], und alles, was in ihnen ist, hörte ich sprechen: Dem, der auf dem Thron sitzt, und dem Lamm gebühren Lob und Ehre und Herrlichkeit und Kraft in alle Ewigkeit. Offb 5:11-13

[1.] Überbewusstsein.
[2.] Bewusstsein.
[3.] Unterbewusstsein.

»Heilig, heilig, heilig Herr, Gott, Allmächtiger, der da war und der da ist und der da kommt.« Offb 4:8

Derselbe gestern und heute und in Ewigkeit. Hebr 13:8

Wir danken dir, Herr, Gott, Allmächtiger, der du bist, der du warst und der du kommst, dass du an dich genommen hast deine große Macht und deine Herrschaft angetreten hast! Offb 11:17

Und nach diesem sah ich: Und es öffnete sich der himmlische Tempel, das Zelt des Zeugnisses im Himmel. Offb 15:5

Und er führte mich hin im Geist auf einen großen und hohen Berg und zeigte mir die große Stadt, das heilige Jerusalem, hernieder kommen aus dem Himmel von Gott; Die hatte die Herrlichkeit Gottes; IHR Licht war gleich dem alleredelsten Stein, einem Jaspis, klar wie Kristall;

und die Stadt aus reinem Gold, gleich reinem Glas. Und die Grundsteine der Mauer um die Stadt waren geschmückt mit allerlei Edelsteinen: Jaspis, Saphir, Chalzedon, Smaragd, Sardonyx, Sarder, Chrysolith, Beryll, Topas, Chrysopras, Hyazinth, Amethyst.

Und die zwölf Tore waren zwölf Perlen.

Und ich sah keinen Tempel darin; denn der Herr, Gott, der Allmächtige, ist ihr Tempel, und das Lamm.

Und die Stadt bedarf keiner Sonne noch des Mondes, dass sie ihr scheinen; denn die Herrlichkeit Gottes erleuchtet sie, und ihre Leuchte ist das Lamm. Offb 21:10-23

Selig, die seine Gebote tun, damit sie Anrecht haben an dem Baum des Lebens, und durch die Tore in die Stadt eingehen können. Offb 22:14

Nur eines erbitte ich vom Herrn, danach verlangt mich: Im Haus des Herrn zu wohnen alle Tage meines Lebens. Ps 27:4

Entsündige mich mit Ysop, und ich werde rein sein: Wasche mich, und ich werde weißer sein als Schnee. Ps 51:9 (7)

Wer überwindet, der soll mit weißen Kleidern angetan werden. Offb 3:5

Wer überwindet, dem will ich geben von

dem verborgenen MANNA. Offb 2:17

Ich habe eine Speise zu essen, von der ihr nicht wisst. Joh 4:32

Wenn jemand meine Stimme hören wird und die Tür auftun, zu dem werde ich hineingehen und das Abendmahl mit ihm halten und er mit mir. Offb 3:20

Ich will ihm geben einen weißen Stein; und auf dem Stein ist ein neuer Name geschrieben, den niemand kennt als der, der ihn empfängt. Offb 2:17

Steh auf, werde licht: denn dein Licht ist gekommen. Und die HERRLICHKEIT des Herrn ist über dir aufgegangen. Jes 60:1

Wach auf, wach auf, kleide dich in deine Prachtgewänder. Jes 52:1

Heilig dem Herrn. Sach 14:20

Denn er hat mir die Kleider des Heils angezogen, den Mantel der Gerechtigkeit mir umgetan. Jes 61:10

Die Geduld aber soll ein vollkommenes Werk haben, damit ihr vollkommen und vollendet seid und in nichts Mangel habt. Jak 1:4

Und bekleide dich mit festlichen Gewändern. Sach 3:4

Durch die Reinheit deiner Hände wird er gerettet. Ijob 22:30

Tut mir auf die Tore der Gerechtigkeit, dass ich durch sie einziehe und den Herrn preise. Ps 118:19

Tut auf die Tore, dass hineingehe das gerechte Volk, das die Wahrheit bewahrt! Jes 26:2

Nun stehen unsere Füße in deinen Toren. Ps 122:2

Erhebt, ihr Tore, eure Häupter, und erhebt euch, ihr ewigen Pforten; dass der König der Herrlichkeit einziehe! Wer ist er, dieser König der Herrlichkeit? Der Herr der HEERSCHAREN, ER ist der König der HERRLICHKEIT. Ps 24:9,10

Der Herr ist in seinem HEILIGEN Tempel. Ps 11:4

Schweigt vor mir. Jes 41:1

Wisst ihr nicht, dass ihr Gottes Tempel seid und der Geist Gottes in euch wohnt? 1 Kor 3:16

Ich wandle in Lauterkeit meines Herzens in meinem Hause. Ps 101:2

Erweise deine wunderbare Güte! Du rettest alle, die sich an DEINER Rechten vor den Feinden bergen. Ps 17:7

Ich aber will schauen DEIN Antlitz in Gerechtigkeit: mich satt sehen, an DEINER Gestalt, wenn ich erwache. Ps 17:15

VATER DER LICHTER.

Die Licht-strahlen.

Christus ist die Ausstrahlung seiner HERRLICHKEIT und das EBENBILD SEINES WESENS und trägt alle Dinge mit der KRAFT seines WORTES. Hebr 1:3

Der seine Engel zu Winden macht und seine Diener zu einer Feuerflamme. Hebr 1:7

Geister, ausgesandt zum Dienst um derer willen, die das Heil ererben sollen. Hebr 1:14

Jedem aber wird die Offenbarung des Geistes zum Nutzen gegeben. 1 Kor 12:7

Die Roten Strahlen.

Ich bin als Licht in die Welt gekommen. Joh 12:46

Um allen zu leuchten, die in Finsternis sitzen. Lk 1:79

Leben.

In ihm war das Leben, und das Leben war das Licht der Menschen. Joh 1:4

Ich bin gekommen, damit sie Leben haben und es in Überfluss haben. Joh 10:10

Das ist aber das ewige Leben, dass sie DICH erkennen, der DU allein wahrer Gott bist. Joh 17:3

Ich bin die Auferstehung und das

Leben; wer an mich glaubt, wird leben, auch wenn er stirbt, und jeder, der lebt und an mich glaubt, wird auf ewig nicht sterben. Joh 11:25,26

Wie der V a t e r das LEBEN in sich hat, so hat er auch dem S o h n gegeben, das LEBEN in sich zu haben. Joh 5:26

Gewaltiges hat er vollbracht mit seinem Arm. Lk 1:51

Rosa Strahlen. Liebe.

Gott aber, der voll Erbarmen ist, hat uns, die wir infolge unserer Sünden tot waren, in seiner großen Liebe, mit der er uns geliebt hat, zusammen mit C h r i s t u s wieder lebendig gemacht. Eph 2:4,5

Der Tröster aber, der Heilige Geist, den der Vater in meinem Namen senden wird, DER wird euch alles lehren. Joh 14:26

Liebt euch untereinander, wie ICH euch geliebt habe. Joh 15:12

Wie mich der Vater geliebt hat, so habe auch ich euch geliebt. Bleibt in meiner Liebe! Joh 15:9

Ich sage dir: nicht bis siebenmal, sondern bis siebzigmal sieben. Mt 18:22

Folge mir nach! Joh 21:20

Orangene Strahlen.

Wenn nun dein Leib ganz licht ist und kein Teil an ihm finster ist, dann wird er ganz licht sein, wie wenn dich

Gesundheit. das Licht erleuchtet mit hellem Schein. Lk 11:36

Und sprach zu ihnen: Nicht die Gesunden brauchen den Arzt, sondern die Kranken. Lk 5:31

Es kam eine große Menge zusammen, zu hören und von ihren Krankheiten geheilt zu werden. Lk 5:15

Einverständnis. Es ging eine Kraft von IHM aus, die alle heilte. Lk 6:19

Als aber Jesus das hörte, antwortete er ihm: Fürchte dich nicht; glaube nur, so wird sie gerettet! Lk 8:50

Und die Kraft des Herrn war mit ihm, dass er heilen konnte. Lk 5:17

Gerechtigkeit. Und sandte sie aus, zu predigen das REICH Gottes und die Kranken zu heilen. Lk 9:2

Die Zeichen aber, die folgen werden denen, die da glauben, sind diese: In meinem Namen werden sie böse Geister austreiben, in neuen Zungen reden: Schlangen mit den Händen hochheben, und wenn sie etwas Tödliches trinken, wird's ihnen nicht schaden; auf Kranke werden sie die Hände legen, und sie werden gesund werden. Mk 16:17,18

Und wenn ihr in eine Stadt kommt und sie euch aufnehmen, dann esst, was euch vorgesetzt wird: Und heilt die Kranken, die dort sind, und sagt ihnen: Das REICH Gottes ist nahe zu euch gekommen. Lk 10:8,9

Und alle, die ihn berührten, wurden geheilt. Mt 14:36

Und ging auf einen Berg und setzte sich dort. Und es kam eine große Menge zu Ihm; die hatten bei sich Gelähmte, Verkrüppelte, Blinde, Stumme und viele andere Kranke und legten sie Jesus vor die Füße, und er heilte sie, sodass sich das Volk verwunderte, als sie sahen, dass die Stummen redeten, die Verkrüppelten gesund waren, die Gelähmten gingen, die Blinden sahen; und sie priesen den Gott Israels. Mt 15:29-31

Gelbe Strahlen.

Weisheit. Die Weisheit von oben ist erstens rein, sodann friedlich, freundlich, gehorsam, voll Erbarmen und guter Früchte, unparteiisch, ungeheuchelt. Jak 3:17

Klarheit. Da öffnete er ihnen das Verständnis, sodass sie die Schrift verstanden. Lk 24:45

Und doch ist die Weisheit gerechtfertigt worden von allen ihren Kindern. Lk 7:35

Solange ihr das Licht bei euch habt, glaubt an das Licht, damit ihr Söhne des Lichts werdet. Joh 12:36

Einverständnis. So soll euer Licht vor den Menschen leuchten, damit sie eure guten Werke sehen und euren Vater im Himmel preisen. Mt 5:16

Mitgefühl. Selig die Barmherzigen; denn sie werden Erbarmen finden. Mt 5:7

Freude. Zu der Stunde freute sich Jesus im Heiligen Geist und sprach: Ich preise dich, Vater, Herr des Himmels und der Erde, weil du dies den Weisen und Klugen verborgen hast und hast es den Unmündigen offenbart. Ja, Vater, so hat es DIR wohlgefallen. Lk 10:21

Freut euch und jubelt: Euer Lohn im Himmel wird groß sein. Mt 5:12

Dies habe ich euch gesagt, damit meine Freude in euch bleibe und eure Freude vollkommen werde. Joh 15:11

Und allen aufleuchten zu lassen, was es um die Verwirklichung des Geheimnisses ist, das von Ewigkeit her verborgen war in Gott, der alles durch Jesus Christus geschaffen hat, um jetzt den Fürsten und Gewalten im Himmel kundwerden zu lassen durch die Kirche die vielgestaltige Weisheit Gottes. Eph 3:9,10

Darum lassen wir auch von dem Tag an, an dem wir's gehört haben, nicht ab, für euch zu beten und zu bitten von Gott, dass ihr erfüllt werdet mit der Erkenntnis SEINES WILLENS in aller geistlichen Weisheit und Einsicht. Kol 1:9

Denen draußen begegnet mit Weisheit, kauft die Zeit aus. Kol 4:5

Eure Rede sei allezeit in Gnade, doch mit Salz gewürzt, dass ihr wisst, wie ihr einem jeden antworten sollt. Kol 4:6

Wenn es aber jemandem unter euch an Weisheit mangelt, so bitte er Gott, der jedermann gern gibt und niemanden schilt; so wird sie ihm gegeben werden. Jak 1:5

Er bitte aber im Glauben und zweifle nicht; denn wer zweifelt, der gleicht einer Meereswoge, die vom Winde getrieben und bewegt wird. Ein solcher Mensch denke nicht, dass er etwas von dem Herrn empfangen werde. Jak 1:6,7

Dass der Gott unseres Herrn Jesus Christus, der Vater der HERRLICHKEIT, euch gebe den Geist der Weisheit und der Offenbarung, ihn zu erkennen. Und er gebe euch erleuchtete Augen des Herzens, damit ihr erkennt, was die Hoffnung seiner Berufung, was der Reichtum der Herrlichkeit SEINES Erbes in den Heiligen ist. Eph 1:17,18

Folge mir nach! Joh 21:20

Grüne Strahlen.

Fruchtbarkeit.

Bittet, so wird euch gegeben; Suchet, so werdet ihr finden; Klopfet an, so wird euch aufgetan. Denn wer da bittet, der empfängt; und wer da sucht, der findet; und wer da anklopft, dem wird aufgetan. Mt 7:7,8

Gebt, so wird euch gegeben. Ein volles, gedrücktes, gerütteltes und überfließendes Maß wird man in euren Schoß geben. Lk 6:38

Und er sprach zu Simon: Fahre hinaus, wo es tief ist, und werft eure Netze zum

Fang aus! Und Simon antwortete und sprach: Meister, wir haben die ganze Nacht gearbeitet und nichts gefangen; aber

Ausgiebigkeit. auf dein Wort will ich die Netze auswerfen. Und als sie das taten, fingen sie eine große Menge Fische und ihre Netze begannen zu reißen. Lk 5:4-6

Hungrige hat er mit Gütern erfüllt und Reiche leer fortgeschickt. Lk 1:53

Trachtet zuerst nach dem Reich Gottes und nach Seiner Gerechtigkeit, so wird euch das alles dazu gegeben werden. Darum sorgt nicht für morgen, denn der morgige Tag wird für sich selbst sorgen. Mt 6:33,34

Euer Vater weiß, dass ihr das braucht. Lk 12:30

Jesus, der diese Worte gehört hatte, sagte zu dem Synagogenvorsteher: Sei ohne Furcht; glaube nur! Mk 5:36

Ruhe. Kommt her zu mir, alle, die ihr mühselig und beladen seid; und ich werde euch Ruhe geben. Mt 11:28

Als sie aber davon redeten, trat er selbst, Jesus, mitten unter sie und sprach zu ihnen: Friede sei mit euch! Lk 24:36

Ehre sei Gott in der Höhe, und Friede auf Erden, und den Menschen ein Wohlgefallen! Lk 2:14

Frieden hinterlasse ich euch, meinen Frieden gebe ich euch. Joh 14:27

Geht ihr allein an eine einsame Stätte

Ausruhen. und ruht ein wenig. Mk 6:31

Dies habe ich zu euch gesagt, damit

ihr in MIR Frieden habt. In der Welt seid ihr in Bedrängnis; aber habt Mut: ICH habe die Welt besiegt. Joh 16:33

Folge mir nach! Joh 21:20

Blaue Strahlen. Ich bin die Wahrheit. Joh 14:6

Das Gesetz wurde durch Mose gegeben,
Wahrheit. die Gnade und die WAHRHEIT durch Jesus Christus. Joh 1:17

Wenn aber jener kommt, der Geist der WAHRHEIT, wird er euch in die ganze WAHRHEIT führen. Joh 16:13

Der Geist der Wahrheit, der vom Vater ausgeht, DER wird Zeugnis geben von mir. Joh 15:26

So dass euer Glauben und eure Hoffnung auf Gott ist. 1 Petr 1:21

Habt ihr eure Seelen gereinigt im Gehorsam der Wahrheit durch den Geist ungeheuchelter Bruderliebe, so liebet einander innig von reinem Herzen. 1 Petr 1:22

Dass unser Gott euch würdig mache der Berufung und vollende alles Wohlgefallen am Guten und das Werk des Glaubens in Kraft. 2 Tess 1:11

Dann erwarten wir, seiner Verheißung gemäß, einen neuen Himmel und eine neue Erde, in denen die Gerechtigkeit wohnt. 2 Petr 3:13

Weiter, liebe Brüder: Was wahrhaftig ist, was ehrbar, was gerecht, was rein, was liebenswert, was einen guten Ruf hat, sei es eine Tugend, sei es ein Lob, darauf seid bedacht! Phil 4:8

Es bestehen aber Unterschiede in den Gnadengaben, doch es ist derselbe Geist.

Es gibt verschiedene Dienste, doch ist es DERSELBE Herr. 1 Kor 12:4,5

Heilige sie in DEINER WAHRHEIT; DEIN WORT ist Wahrheit. Joh 17:17

Ich in ihnen und DU in mir, damit sie seien vollendet in eins. Joh 17:23

Folge mir nach! Joh 21:20

Violette Strahlen.

Ich habe euch Macht gegeben, zu treten auf Schlangen und Skorpione, und Macht über alle Gewalt des Feindes; und nichts wird euch schaden. Lk 10:19

Kraft.

Es stehen einige hier, die werden den Tod nicht schmecken, bis sie sehen das REICH Gottes kommen mit KRAFT. Mk 9:1

Sie staunten sehr über seine Lehre; denn SEIN Wort war mit Vollmacht. Lk 4:32

Macht.

Was ist das für ein Wort? ER gebietet mit Vollmacht und Kraft den unreinen Geistern und sie fahren aus. Lk 4:36

Ihr aber sollt in Jerusalem bleiben, bis ihr ausgerüstet werdet mit Kraft aus der Höhe. Lk 24:49

Von nun an wird der Menschen-Sohn sitzen zur Rechten der Kraft Gottes. Lk 22:69

Mächtigkeit. Der Mächtige hat Großes an mir getan
und SEIN NAME ist heilig. Lk 1:49

Und Jesus trat herzu und sprach zu
ihnen: Mir ist gegeben alle Macht im
Himmel und auf Erden. Darum gehet
hin und machet zu Jüngern alle Völker:
Taufet sie auf den Namen des Vaters
und des Sohnes und des Heiligen
Geistes. Mt 28:18,19

Amethystene Wer der Kleinste ist unter euch allen,
Strahlen. der ist groß. Lk 9:48

Der Größte unter euch soll euer
Rettung. Diener sein. Mt 23:11

Wer sich selbst erhöht, wird erniedrigt,
und wer sich selbst erniedrigt, wird
Demut. erhöht werden. Mt 23:12

Er kam auf Anregen des Geistes in
den TEMPEL. Lk 2:27

Meine Augen haben DEINEN Heiland
gesehen. Lk 2:30

Eins aber ist nötig: Maria hat das gute
Teil erwählt; das soll ihr nicht genommen
werden. Lk 10:42

Bleibe bei uns; denn es will Abend
werden und der Tag hat sich geneigt. Und
er ging hinein, bei ihnen zu bleiben.

Und als er mit ihnen zu Tisch saß,
nahm er das Brot, dankte, brach's und
gab's ihnen. Da wurden ihre Augen
geöffnet und sie erkannten ihn. Lk 24:29-31

Das Band der Vollkommenheit. Kol 3:14

Folge mir nach! Joh 21:20

Weiße Strahlen. Ein reiner und unbefleckter Gottesdienst vor Gott, dem Vater, ist der: die Waisen und Witwen in ihrer Trübsal besuchen und sich selbst von der Welt unbefleckt halten. Jak 1:27

Reinheit. Aus SEINER Fülle haben wir alle empfangen, Gnade um Gnade. Joh 1:16

Darum wollen wir jetzt beginnen, was am Anfang über Christus zu lehren ist, und uns zum Vollkommenen wenden. Hebr 6:1

Ihr seid gekommen zu dem Berg Zion und zu der Stadt des LEBENDIGEN Gottes, dem himmlischen Jerusalem, und zu Myriaden von Engeln und zu der Festversammlung und zu der Gemeinde der ERSTGEBORENEN, die im Himmel aufgeschrieben sind, und zu Gott, dem Richter über alle, und zu den Geistern der

Vollkommenheit. vollendeten Gerechten. Hebr 12:22,23

Das Gesetz hat nichts zur Vollendung gebracht, eingeführt aber eine bessere Hoffnung, durch die wir uns Gott nahen. Hebr 7:19

Dies Wort des Eides aber, das erst nach dem Gesetz gesagt worden ist, setzt den Sohn ein, der ewig und vollkommen ist. Hebr 7:28

Aufgrund seines Erbarmens rettete ER uns durch das Bad der Wiedergeburt und Erneuerung im Heiligen Geist, den

ER über uns reichlich ausgegossen hat durch Jesus Christus, unsern Heiland. Tit 3:5,6

Ich vertraue darauf, dass der, der bei euch das gute Werk begonnen hat, es auch vollenden wird bis zum Tag Christi Jesu. Phil 1:6

Die Gnade unseres Herrn Jesus Christus sei mit euch allen! Offb 22:21

Amen.

DIE FRUCHT DES GEISTES.

Der Weiße Strahl.	Vollendet seien in eins.	Joh 17:23
	Licht der Welt Christus.	Joh 8:12
	Er legt die Sterne unter Siegel.	Ijob 9:7
Die sieben Geister.	Der unausforschliche Reichtum Christi.	Eph 3:8
1. Roter.	Ich bin das Leben.	Joh 14:6
Rosa.	Ich bin eine Blume in Scharon.	Hld 2:1
	Die Liebe ist von Gott.	1 Joh 4:7
2. Oranger.	Heilig in deiner Mitte.	Hos 11:9
	Neues Geschöpf.	2 Kor 5:17
3. Gelber.	Die Weisheit hat ihr Haus gebaut.	Spr 9:1
4. Grüner.	Spross ist sein NAME.	Sach 6:12
	Ich bin der WEINSTOCK.	Joh 15:5
5. Blauer.	Ich bin die WAHRHEIT.	Joh 14:6
	Er hat ihre Herzen durch den Glauben gereinigt.	Apg 15:9
6. Violetter.	Der Mächtige hat Großes an mir getan.	Lk 1:49
	Das REICH Gottes besteht nicht in Worten, sondern in Kraft.	1 Kor 4:20
7. Amethystener.	Ich in ihnen und DU in mir.	Joh 17:23
	Sanftmütig und von Herzen demütig.	Mt 11:29
8. Diamantener.	Weißes Steinchen mit sieben Augen.	Sach 3:9
	Ihr werdet den Himmel offen sehen und die Engel Gottes auf- und nieder-steigen über dem Menschen-Sohn.	Joh 1:51

Lichter. Die sieben GEISTER.
Die sieben STRAHLEN.
Die sieben ZUSAMMENKLÄNGE.
In Fülle der Göttlichen Einheit.
Geläutert siebenmal. Ps 12:7 (6)
Geliebte, jetzt sind wir Kinder
Gottes. 1 Joh 3:2
Teilhaber der Göttlichen
Natur. 2 Petr 1:4

DAS GEBOT DES MEISTERS :

LIEBE DEN VOLLKOMMENEN WEG DER WAHRHEIT UND DES LEBENS.

SETZE DAS GUTE ALS GRUNDLAGE DEINES HAUSES, DIE GERECHTIGKEIT ALS MAß , DIE LIEBE ALS VERSCHÖNERUNG, DIE WEISHEIT ALS ZAUN UND DIE WAHRHEIT ALS LEUCHTE.

NUR DANN ERKENNST DU MICH UND ICH OFFENBARE MICH DIR.

ANHANG

DIE METHODE DER FARBIGEN STRAHLEN DES LICHTES

Auszüge verschiedener Reden Peter Dunoffs zum "Das Testament der Farbigen Strahlen des Lichtes", gehalten vom 15. - 18. August 1912 in Veliko Tarnovo.

Die Worte, die ich euch jetzt zu geben beginne, sind das reine Wort Gottes, weitergegeben, gesprochen und geprüft seit Tausenden von Jahren. Das sind Verse vom Buch des Herrn, die so systematisch herausgenommen und geordnet sind, dass beim aufmerksamen und andächtigen Lesen alle Farben hervorgerufen werden, die für die geistige Erhebung und Vervollkommnung auf dem Weg Gottes notwendig sind. Ich werde alles vortragen, was der Geist für euch vorbereitet hat. Alles, was ich hier vorlese, wird zusammengestellt und in einem besonderen Büchlein veröffentlicht, das euch zum Üben verteilt wird. In diesem Büchlein werden nicht nur die Verse ausführlich und klar geordnet, sondern auch die Farben mit den verschiedenen Tugenden, durch die die Schwingungen dieser Verse hervorgerufen und gebildet werden.

Ich möchte, dass wir eine starke Welle aus den sieben Farben bilden, weil Christus nahe am physischen Plan ist. Und Er ist dieses Jahr auf dem Fest* anwesend. All diese Verse sind unter seiner Aufsicht herausgenommen worden. Deswegen wird der Herr euch helfen, immer wenn ihr diese Verse benutzt. Dies sind seine Worte und wenn ihr mit ihnen zu arbeiten beginnt, werdet ihr Kraft haben. Aber zuerst müsst ihr euch von der Sünde reinigen.

---

* Die Tage vom 15.- 21. August werden „Feste der Sonne" genannt. Da findet eine Versammlung der Weißen Bruderschaft (der Engel und der Heiligen) statt, bei der laut Peter Dunoff das kommende Jahr für die Menschheit besprochen und geplant wird.

Christus war nie so stark anwesend, wie in diesem Jahr, da mir Hindernisse allerart vor der Versammlung zugestoßen sind. Dies war besonders dann ausgeprägt, wenn mir die Verse vom Buch des Herrn gegeben wurden. Diese Verse bilden mit ihren Schwingungen die Strahlen, die für alle notwendig sind. Die dunklen Geister haben sogar versucht meine Gesundheit anzutasten. Aber der Herr ist der, der alles überwunden hat. Und ihr alle wisst: Christus ist dieses Jahr mit uns. Er sagt, er kommt jetzt, um Ordnung und Anständigkeit zu bringen. Frei sind alle da draußen, das Karmagesetz zu erleben, aber für euch möchte ich, dass ihr nach dem Gesetz Christi seid und lebt.

Der Ewige Geist stellt die Unsterblichkeit dar, nach der wir alle streben. Es wird gesagt: „Ihr sollt also vollkommen sein" (Mt 5:48, S. 5, 36)*, d.h. wir sollen vollkommen sein, so wie Gott uns gegenüber vollkommen ist, bezüglich seines Erbarmens, seiner Seligkeit und Nachsicht.

Die erste Tugend, mit der ihr anfangen solltet, ist die Barmherzigkeit. Da Christus nun immer mehr in das menschliche Leben hereinkommt, wird seine Kraft sieben Mal größer sein als in den vergangenen Zeitaltern, und folglich wird der Fortschritt der Menschheit gleichermaßen sein.

„Der goldene Leuchter" (S. 7, Sach 4:1, 2) bedeutet die Lehre Christi, die in der gegenwärtigen Zeit gesucht wird und die jetzt aufkommt. Die Mehrheit der Menschen schläft. Jetzt wirken die sieben Geister, die letzte Posaune erklingt schon und ihr seht zu, dass ihr jede dieser Sachen schnell und unermüdlich erlernt und versteht, falls ihr dies bisher noch nicht geschafft habt.**

* Die Bibelversbezeichnungen und die entsprechenden Seitenzahlen sind in den folgenden zwei Texten von der Redaktion zur besseren Orientierung eingefügt worden.

** Die letzten drei Absätze sind dem Vortrag entnommen, der am 10. August 1914 in Veliko Tarnovo gehalten wurde.

Von der Grünen Farbe hängt der Erfolg ab; sie enthält auch die Erfrischung. Ein Mangel an Grüner Farbe führt zur Armut. Bei ihrem Übermaß entwickeln sich Habgier und Geiz. Wenn die Grüne Farbe überhand nimmt, müssen wir die Rote Farbe verwenden, damit sie auf sie einwirken kann. Die übergroßen Wünsche in dieser Welt bilden die Grüne Farbe. Unter Verneinung von sich selbst soll verstanden werden, dass wir nicht wünschen, was wir nicht brauchen.

Wenn wir die gelesenen Verse mit den entsprechenden Sonnenstrahlen verbinden, ist die Wirkung sehr stark. Und es ist wahr: Wenn wir uns mit den Farbstrahlen in Verbindung setzen, beginnen wir Geistig zu erschaffen.

Jemand sagt, er könne nicht lieben - dies weist auf einen Mangel der Roten Farbe hin. Deswegen muss er einen Menschen finden, der die Grüne Farbe in sich hat. Wir müssen die Grüne Farbe oft verwenden. Zum Beispiel, wenn ihr Geld braucht. Der Grund, dass wir zu lieben suchen, liegt im Überfluss der Roten Farbe. In der Grünen Farbe aber liegt das Organ der Entwicklung und des Wachstums. Wenn wir wachsen wollen, müssen wir diese Farbe durch all ihre Nuancen durchlaufen.

Also, alle Streitfälle ergeben sich aus dem Mangel an Farben. Zum Beispiel hat derjenige, der hasst, einen Mangel an Roter Farbe.

Lasst uns das Licht nutzen, weil alles von ihm abhängt. Es ist notwendig für das Leben, und während des Lebens durchlaufen wir alle Farben. Und dann vereinen sich im Menschen die sieben Geister und er kehrt zur Urquelle zurück. Deswegen kam Jesus Christus her, dies dem Menschen zu lehren.

Christus möchte, dass ihr jetzt diese Farben auf eine sehr einfache Art und Weise verwendet. Sagen wir, jemand von euch hasst - dann soll er die Verse lesen, die mit der Farbe verbunden sind, die ihm Liebe bringt. Aber wir sollten wissen, wie man diese Verse und Farben verwendet. Wir haben zum Beispiel oftmals die Demut angewendet, aber wir hatten kein Gesetz dafür, welches uns führte. Und jetzt möchte Christus uns auf diese einfache Weise lehren, die Dinge zu verbinden und zu nutzen. Mit dem Licht kommen alle guten Geister her – die Geister Gottes, und zwar kommen sie morgens her und kehren abends auf demselben Weg zu Gott zurück. Nach allen euren Wünschen und Gedanken werden abends im Himmel die Rechnungen gemacht und dort wissen sie dann, ob ihr bekommen oder geben sollt, bzw. wie ihr das Licht verwendet habt. So sollten wir die Lehre Christi verstehen: ***Christus atmet, und dieses Atmen verwandelt sich in Licht, und das Licht in Leben.***

Die Dunkelrote Farbe bezeichnet die Aktivität. Im geistigen Leben müssen wir immer etwas säen und erst dann erhalten wir. Jeden Tag müssen wir die uns gegebenen Gelegenheiten nutzen und üben, weil so die Eigenschaften Gottes in uns verwirklicht werden können. Und Christus kommt zu uns, um uns diese einfache Art und Weise der Anwendung der Farbstrahlen zu zeigen und uns Erleichterung zu bringen. Er ist in die Welt gekommen, um neues Licht zu bringen, den Verstand der Menschen zu erleuchten, die nur ihm die ganze Aufklärung und Kultur verdanken.

Die Zahl 7 ist überall vorherrschend und ist immer Göttlich. Die Bibel ist ein Buch, welches auf den ersten Blick unzusammenhängend zu sein scheint. Aber wir haben kein vergleichbares, zumal wir in ihr alle Farben haben, um die es sich in diesem Büchlein handelt, welches veröffentlicht wird. Es wird sogar drei zusätzliche Couleurs enthalten.

Ein Mensch sagt: „Ich kann nicht lieben", aber wenn wir ihm die Rote Farbe geben, sehen wir, dass sich sein Zustand sofort ändert. Somit wird erklärbar, dass durch das Lesen dieses

Buches unsere Sehnsüchte auf eine wundervolle Art und Weise gestillt werden.

Im Buch Ijob, 11:17 wird z.B. gesagt: „Dein Zeitalter wird heller als der Mittag. Du wirst heller sein und sogar, wenn du Finsternis bist, wirst du wie die Morgenröte." (S. 27). Diese Zeitalter - das goldene, silberne, Kupfer- und Eisenzeitalter*, die in diesen Versen erwähnt werden, sind Epochen, die sich in Zeiträume unterteilen. Das Eisenzeitalter ist das am weitesten vom Licht entfernte. Aber jetzt kommt wieder eine Epoche, in der das goldene Zeitalter beginnt, in dem wir alle leben werden. Dies genau ist unser Wunsch, das Eisen in Gold umzuwandeln. Das Gold ist ein Symbol des erhabenen Lebens, nach dem wir streben müssen. Das Eisen entspricht dem groben Leben und das Silber entspricht dem, was der Mensch schon angewendet hat. Wenn wir alle diese Wahrheiten verstehen, wird die Harmonie unter uns wieder hergestellt. Es ist kein Geheimnis, dass es Menschen gibt, die die Strahlen meiden, weil sie ihnen unerträglich sind. Genauso, wie die gegenwärtigen Menschen vor Christus weglaufen, weil er sie beleuchtet und somit ihre Flecken sichtbar werden. Aber wir haben keinen Grund Christus zu fürchten, weil er unser Freund ist.

Uns kommt alles unzusammenhängend, grob und sinnlos vor, deswegen müssen wir vom Sichtbaren anfangen und zum Unsichtbaren übergehen. Oft erzählt jemand vom Astralleib; den frage ich, ob er seinen physischen Leib versteht. Und wenn er ihn nicht gut genug versteht, was soll er dann über den Astralleib wissen. Wir haben alles in unserem physischen Körper und wir dürfen nicht den Wunsch haben, uns davon zu befreien. Und der Leib des Geistes, der jetzt in euch gebildet wird, muss dasjenige nutzen, was ihm gegeben wird. Der physische Leib ist mit der ganzen Materie verbunden und ist der Schlüssel, denn durch ihn betreten wir die sichtbare Natur,

---

* Im deutschsprachigen Raum ist das Eisenzeitalter als *Finster* bekannt.

um von ihr zu schöpfen. Niemand darf auf dem Spirituellen Weg im Widerspruch zu seinem Körper stehen, unabhängig davon, was es für ein Körper ist.

So sagt jemand: „Ich bin dumm.“, aber gebt solchem die Gelbe Farbe und ihr seht, dass er klüger wird. Also ihm fehlt einfach die Farbe, die er benötigt.

Mit diesen Versen, die gegeben wurden, können wir an unserem Herzen arbeiten. Zum Beispiel: Was ist Angst? Das ist der Überfluss der Orangenen Farbe. Oft weinen wir um jemanden, der gestorben ist. Aber wenn wir uns gründlich prüfen, sehen wir, dass wir nicht weinen, weil er gestorben ist, sondern weil sein Dasein uns Vergnügen bereitet hat. Es ist das Vergnügen, worum wir weinen.

Die geschriebenen Verse der Bibel sind die Strahlen des Lichtes und so können wir mit dem Licht bewusst arbeiten. Beim Üben werden wir vom Verstand (Mentalleib) beginnen und danach langsam Schritt für Schritt auch die anderen Leiber erziehen - das ist das Gesetz Christi. Der Geist sagt und enthüllt euch die tieferen Dinge des Lebens, die nicht ausgesprochen werden können, sondern euch durch ihn unmittelbar gegeben werden, da die grundlegenden Dinge der Bibel in der Natur und in unserer Seele, welche ein Schatz Gottes ist, versteckt sind. Und ich wiederhole: Das reale Leben des Geistes ist an sich einfach, weswegen wir es auch erlangen können. Wir alle müssen das Fenster unserer Seele aufmachen, damit das Licht hereinkommen und sie beleuchten kann. Eben diese Dinge möchte Christus regeln; genau dieses Schema der Farbstrahlen macht euch frei.

Einige von euch sind reich an Roter Farbe, aber bei anderen fehlt diese. Die Rote Farbe ist das Sinnbild der Liebe, die gewisse Schwingungen besitzt. Auf der Grundlage der Liebe bauen sich alle Farben auf, weil ihre Wirkungen einerseits positiv und andererseits negativ sind.

Wenn Christus mit uns ist, brauchen wir keine Angst haben. Wenn er nicht zum Grundton unseres Lebens wird, werden ihn andere Dinge ersetzen. Alle unsere Handlungen sollten oft dem Grundton der Roten Farbe angepasst werden - nämlich der Liebe. Ja, die Liebe ist eine Farbe und wer sie nicht gesehen hat, weiß nicht und kann nicht wissen, was die Liebe ist.

Was ist Glaube? Er ist der Wegweiser derjenigen, die Fehler machen. Aber wenn wir uns mit Gott versöhnen, dann schreiten wir mit offenen Augen und erkennen die Rosa Farbe, in der Christus lebt. Christus ist der, der darauf wartet, uns die Prinzipien zu zeigen, die das Leben umfassen und die essentieller Natur sind. Für uns ist es aber vor allem notwendig, den Grundton, in dem alle Geister leben, zu finden, und dann wird es keine Trennung mehr geben. Ein Opfer unsererseits wird benötigt - wir müssen unsere Herzen, unsere Körper, unseren Verstand hingeben. Das Herz, der Verstand und der Körper sind Reichtümer, die von Gott gegeben sind; deswegen muss der Herr kommen, unsere Erde einzuzäunen, damit wir würdig arbeiten können. Wenn wir diese Reichtümer nicht haben, verspüren wir Leere und Niedergeschlagenheit.

Dies wird jetzt gegeben, damit ihr alle, die ihr arbeiten wollt, diese Regeln anwendet. Jesus Christus möchte, dass ihr sie anwendet. Das ist die erste Lehre, die euch gegeben wird. Derjenige, der bereit ist sie zu befolgen, wird sie bekommen. Aber er muss aufpassen, denn wenn er sich für diese Wahrheiten nicht öffnet, werden die Methoden hier genau die entgegengesetzte Wirkung haben und eher der Verdammung dienen. Christus hat euch eine sehr einfache Methode gegeben und ihr müsst sie unbedingt anwenden. Eine Methode, wie diese von Christus, werdet ihr nirgendwo finden, weil die letzte Tür Christus ist. Der

Herr ist unter uns - er hört uns, freut sich und liebt uns! Diese Anordnung ist nicht von mir, sondern der Herr gibt sie euch. Deswegen müsst ihr an seine Liebe denken, die ihr in jedem Gesicht sehen müsst. Der Herr prüft euch - höret seine Stimme.

Die Blaue Farbe gehört dem Geist der Wahrheit. Die Menschen sind für die Blaue Farbe noch nicht bereit und schauen nur zu ihr, wenn sie im Unglück sind. Nur die Blaue Farbe kann uns das Verständnis über das Schöne geben. Und diejenigen, die diese Farbe in sich haben, lieben das Schöne. Nur durch die Blaue Farbe werdet ihr diesen Vers erfüllen können: „Was wahrhaftig ist, was ehrbar, was gerecht, was rein, was liebenswert, was einen guten Ruf hat - darauf seid bedacht!“ (Phil 4:8, S. 30, S. 55/56).

Es gibt gute Dinge in dieser Welt und auf diese müsst ihr euren Blick richten. Unter dem Wort „real“ verstehe ich etwas Unabänderliches. Die realen Dinge unterliegen gewissen Änderungen, ohne sich aber zu verändern, d.h. ohne ihr Wesen zu verlieren, und die nicht realen Dinge ändern und verändern sich. Die Realität befindet sich hinter der Veränderlichkeit, und deswegen kann nicht gesagt werden, dass die Realität ein Schatten ist - da der Schatten etwas Temporäres ist. Wir sind Träger der Wünsche der Natur. Wenn wir ihr entgegenwirken, bekommen auch wir Gegenwirkung. Und das Böse hinterlässt immer schlechte Abdrücke. Du kannst nicht erwarten schön zu werden, wenn du böse Gefühle hast. Damit du schön wirst, musst du die edelsten Gefühle und Stimmungen in dir hegen.

Hier lesen wir zum Beispiel: „Deine Augen werden den König sehen in seiner Schönheit.“ (Jes 33:17, S. 31). Warum leiden wir in dieser Welt? Weil wir uns auf Menschen verlassen, die wie wir veränderlich sind. Wenn wir uns auf den Herrn verlassen, wird er das Gebot seinen Dienern geben, die seinen Willen erfüllen werden. Wer ungläubig ist, sollte die Blaue Farbe in sich hervorrufen und dann wird sich die Ungläubigkeit auflösen.

Desweiteren haben wir die Violette Farbe. Durch sie geschieht die Rettung der Menschheit. Die Kraft stammt von der Violetten Farbe. Ihr gehört die Seligkeit, und ohne diese Farbe kann der Mensch nicht selig sein. Die Demut und die Hochachtung können auch der Violetten Farbe zugeordnet werden.

Die Amethystene Farbe ist der Geist der Gnade. Sie hat höhere Schwingungen als die Violette Farbe und ist ebenso eine Farbe der Demut. Die Freude ist eine Frucht der Amethystenen Farbe. Die Heiligkeit gehört auch zu ihr.
Und wenn diese Farbe in uns überwiegt, wird sie die fünf Sinne versöhnen, die sich jetzt in einem klaren Widerspruch befinden. Ägypten, über das in den Versen gesprochen wird, stellt im mystischen Sinne die physische Welt dar; Assyrien stellt die Welt des Verstandes dar, und Israel - den rein geistigen Menschen (S. 37).

Lasst mich euch sagen, dass mit den letzten zwei Farben - der Violetten und der Amethystenen Farbe - sehr schwer gearbeitet werden kann. Deswegen beginnt ihr mit den fünf Farben, weil wir fünf Finger und fünf Sinne haben. Damit wir mit den letzten zwei Farben arbeiten können, müssen wir eine höhere geistige Organisation haben. Der Geist nutzt immer das niedrigere Leben, um es an höhere Schwingungen weiterzugeben. Im geistigen Sinne gebären die Männer genauso wie die Frauen, deswegen empfangen sie beide, und sie empfangen sogar sehr edel. Und wenn ein Mensch im geistigen Sinne nichts empfängt, fühlt er sich unglücklich.

Diese Geheimnisse sind seit tausenden von Jahren bekannt, jedoch die heutige Gesellschaft ist in ihrer geistigen Entwicklung zurückgeblieben. Aber jede einzelne Kultur wird sich verändern, und die jetzige Kultur bereitet die Zukunft für eine nächste. Deswegen dürfen wir nicht denken, dass diese Welt böse ist - im Gegenteil, in Bezug auf Gott ist alles gut, aber in Bezug auf uns - diejenigen, die sich zu vervollkommnen versuchen - gibt es Gutes und Böses. Aber wir dürfen keinen Kompromiss mit dem Guten und mit dem Bösen machen, sondern wir sollten uns entweder auf die Seite des Guten oder auf die Seite des Bösen stellen. In Bezug auf Gott werden sich diese beiden Prinzipien - Böses und Gutes - versöhnen, aber wie dies geschieht ist ein großartiges Geheimnis, worüber keiner etwas weiß.

Jede einzelne Farbe enthält in sich ein großes Thema und deswegen möchte ich, dass ihr den Geist der Dinge versteht. Die Seele und das Herz sind eine Blüte; der Verstand ist die Atmosphäre des Herzens und deswegen sagt der Herr: "Gib mir dein Herz."(Spr 23:26). Wenn ihr eine Farbe seht, darf es nicht zu einer kritischen Einstellung kommen: „Geht es denn nicht ohne diese Farbe?". Damit wir glücklich sind, müssen wir bewusst und dankbar sein, und so wird es keinen Widerspruch geben, weil alles nach gewissen Gesetzen abläuft.

Auf der physischen Ebene stellt der Himmel das Überbewusstsein dar, die Erde - das Bewusstsein, das Meer - das Unterbewusstsein (S. 44). Wenn ihr in Einverständnis mit all diesen Versen seid, wird sich in euch eine neue Kraft bilden und dann beginnt ihr, sie alle anzuwenden. Natürlich nur die, welche ihr könnt, weil es Verse über Farben gibt, für die einige von euch noch nicht bereit sind.

Ich gebe euch konkrete Anweisungen, als Orientierung welchem Tag welche Farbe entspricht, damit ihr wisst, wann ihr sie verwenden müsst, um zu üben: Montag - Grün, Dienstag - Rot, Mittwoch - Gelb, Donnerstag - Blau, Freitag - Rosa oder klares Blau, Samstag - Violett, Sonntag - Orange. So sollt ihr erstmal beginnen.

Auch wenn ihr anderen helfen wollt, könnt ihr euch der Farben bedienen. Wenn wir jemandem helfen wollen, der unter seinem materiellen Zustand leidet, werden wir alle Verse über die Grüne Farbe verwenden, und dann kommen die Wesen zur Hilfe, die über diese Farbe verfügen. Wenn ihr jemandem helfen wollt, der Probleme mit seiner Gesundheit hat, dann lest ihr die Verse, die die Orangene Farbe bilden. Wenn es Missverständnisse in Bezug auf Streitfälle in der Kette* gibt, verwenden wir die Gelbe Farbe, indem wir alle Verse über die Weisheit lesen. Sie kann dogmatische oder andere Streitigkeiten beilegen. Wenn eine religiöse Frage diskutiert wird, werden wir alle Verse über die Blaue Farbe verwenden, welche die Wahrheit betreffen, und dann wird der Geist der Wahrheit den Verstand erleuchten und das Streiten wird aufhören.

Wenn ihr den Willen Gottes nicht erfüllt, nehmt ihr eine negative Einstellung ein, da Gut und Böse, Gerechtigkeit und Ungerechtigkeit nur auf der Erde existieren. Im Himmel gibt es keine Auseinandersetzungen. Folglich, wenn ihr diese zwei Prinzipien in den Himmel einführen würdet, würdet ihr eine Anarchie einführen, weil dort nur Tugend und Gerechtigkeit herrschen. Wenn ihr eure Gefühle ändert, ändern sich auch eure Absichten. Nur auf der Erde arbeitet ihr mit der Tugend und der Gerechtigkeit, d.h. mit der Orangenen und mit der Grünen Farbe, wobei letztere die menschliche Seele von heute darstellt.

Die schönsten und die natürlichsten Farben sind die des Regenbogens, deswegen beobachtet ihn - dort werdet ihr die fünf Hauptfarben finden. Ihr könnt euch sogar Prismen besorgen, damit ihr, wenn der Tag schön ist, den Regenbogen auf einen weißen Hintergrund projiziert. Auf diese Art und Weise werdet ihr ihn beobachten, erforschen, euch einprägen, und ihr werdet

---

* Die Kette der Göttlichen Liebe- der ursprüngliche Name der Gesellschaft *Weiße Bruderschaft*, benutzt bis 1918.

euch die fünf Hauptfarben aneignen.

Wenn ihr vor der Übung missgestimmt seid, solltet ihr die Verse der Rosa Farbe lesen. Zuallererst müsst ihr euren inneren Frieden wieder herstellen, weil ihr nur dann schaffend sein könnt.

Diese Methode ist die Methode Christi und deswegen werden ihre Ergebnisse wunderschön sein, obwohl sie sehr einfach zu sein scheint. Und wenn wir auf diese Art und Weise unter uns Harmonie erreichen, verbinden wir uns mit der Weißen Bruderschaft, mit den lichten Engeln, die euch viel geholfen haben. Christus kommt, damit er die Menschheit versöhnt mit der Weißen Lichten Bruderschaft, der Bruderschaft der Lichter.

Anm. d. Red.: Dieser Text basiert auf Mitschriften von Dimiter Golov von verschiedenen Vorträgen Dunoffs (s.o.) und wurde so in der siebten bulgarischen Auflage des Testaments (2006, Verlag „Bjalo Bratstvo", Sofia) zusammengestellt. Es sind jedoch nicht alle Anweisungen von Dunoff bezüglich der Methode drin enthalten, sondern nur die grundlegenden, die er am Anfang beim Verteilen des Büchleins gegeben hat.

WIE „DAS TESTAMENT DER FARBIGEN STRAHLEN DES LICHTES" GELESEN UND VERWENDET WIRD

(nach Anweisungen von Peter Dunoff)

Das Licht ist eine Göttliche Kraft, die die inneren Eigenschaften der Dinge enthüllt. Das Licht ist die Wesenheit Gottes, mit der Er sich offenbart. Wenn wir das Licht erforschen und uns mit ihm verbinden, erforschen und verbinden wir uns mit dem Schöpfer selbst.

Das Licht erscheint in drei Grundfarben, aus deren Zusammenwirken sich die anderen ergeben. Genau wie aus der Dreieinigkeit Gottes das ganze Leben mit allen seinen Formen entsteht. Diese drei Farben stellen die drei Grundprinzipien dar, die das Leben aufbauen: Liebe - Rot, Weisheit - Gelb, Wahrheit - Blau.

Rot und Gelb ergeben Orange, Gelb und Blau - Grün, Rot und Blau - Violett. Wenn das Rot in der Violetten Farbe dominiert, dann ergibt sich die Amethystene Farbe.

In diesem Büchlein kommt auch die Farbe Rosa vor, welche eigentlich Rot mit mehr Weiß, mit mehr Licht ist. Es ist das Rot in einer höheren Oktave, genau wie in der Musik die 7 Töne wieder zum ersten führen, der dieselbe Note aber in der nächsten Oktave ist.

Diese 7 Farben sind 7 Aspekte zum Erforschen des Lichtes, 7 Tore, durch die wir in seine Welt eintreten können, 7 Stufen zum Hinübergehen in eine höhere Oktave unseres Daseins.

Die Struktur des Testaments ist ebenfalls dreiteilig. In ihm wird das Farbspektrum drei Mal, in drei verschiedenen Dimensionen, in drei verschiedenen Oktaven durchlaufen: in der Oktave der physischen (menschlichen) Welt, in der Oktave der geistigen (Engel-) Welt und in der Oktave der Göttlichen Welt.

So ergeben sich die drei Teile des Buches: I. Teil - Die sieben Geister, II.Teil - „Vater der Lichter", III. Teil - „Die Frucht des Geistes". Jeder dieser Teile ist ebenso gegliedert in drei. Sie beginnen immer mit Licht- oder Weißstrahlen, dann erfolgt ihr Entfalten in die einzelnen Farbstrahlen und als Abschluss des jeweiligen Teils kommen wieder die weißen Lichtstrahlen. Als Einleitung gibt es 3 (!) Seiten und nach den 3 Teilen folgt als Abschluss „Das Gebot des Meisters", welches wiederum ein Modell des ganzen Testaments darstellt.

Im folgenden wird detailliert die Methode der Farbigen Strahlen und die Reihenfolge des Lesens für jeden Tag separat beschrieben. Dabei ist es wichtig zu vermerken, dass dies eine Grundanleitung zum Verwenden des Büchleins darstellt, schließt aber andere Arbeitsweisen keineswegs aus.

Die ersten 3 Seiten, „Die Lichtstrahlen" aus jedem Teil und „Das Gebot des Meisters" werden jeden Tag gelesen.* Dazu kommen dann die dem Tage entsprechenden Farbstrahlen.

SONNTAG / SONNE - ORANGE (O. WEIß)

Lesen Sie die Seiten 1 bis 3. Auf der Seite 2 sprechen Sie innerlich die Buchstaben "E.w.I.T.D.S.d.H.J.C.S.G." folgendermaßen aus: „Ewig werde ich treuer Diener sein, des Herrn Jesus Christus, Sohn Gottes."

I. Teil:

a) der Anfangstext und
„Die Lichtstrahlen": S. 5 - 7
b) Der Geist der Verheißung /
Die Orangenen Strahlen: S. 15 - 17

---

* Anm.: „Die Lichtstrahlen" befinden sich vor den sieben Farbstrahlen und dürfen nicht mit „Die Diamantenen Weißen Strahlen" verwechselt werden.

II. Teil: „Vater der Lichter"

a) Die Lichtstrahlen: S. 48

b) Orangene Strahlen: S. 49 - 51

III. Teil: „Die Frucht des Geistes"

a) Der Weiße Strahl: S. 60 bis „Roter"

b) Oranger: S. 60

Seite 61 wird vollständig gelesen:

Lichter und „Das Gebot des Meisters"

MONTAG / MOND – GRÜN (O. VIOLETT)

Lesen Sie die Seiten 1 bis 3. Auf der Seite 2 sprechen Sie innerlich die Buchstaben "E.w.I.T.D.S.d.H.J.C.S.G." folgendermaßen aus: „Ewig werde ich treuer Diener sein, des Herrn Jesus Christus, Sohn Gottes."

I. Teil:

a) der Anfangstext und

„Die Lichtstrahlen": S. 5 - 7

b) Der Ewige Geist / Die Grünen Strahlen: S. 22 - 29

II. Teil: „Vater der Lichter"

a) Die Lichtstrahlen: S. 48

b) Grüne Strahlen: S. 53 - 55

III. Teil: „Die Frucht des Geistes"

a) Der Weiße Strahl: S. 60 bis „Roter"

b) Grüner: S. 60

Seite 61 wird vollständig gelesen:

Lichter und „Das Gebot des Meisters"

DIENSTAG / MARS – ROT

Lesen Sie die Seiten 1 bis 3. Auf der Seite 2 sprechen Sie innerlich die Buchstaben "E.w.I.T.D.S.d.H.J.C.S.G." folgendermaßen aus: „Ewig werde ich treuer Diener sein, des Herrn Jesus Christus, Sohn Gottes."

I. Teil:

a) der Anfangstext und
„Die Lichtstrahlen": S. 5 - 7
b) Der Geist der Liebe /
Die Roten Strahlen: S. 8 - 11

II. Teil: „Vater der Lichter"

a) Die Lichtstrahlen: S. 48
b) Die Roten Strahlen: S. 48 - 49

III. Teil: „Die Frucht des Geistes"

a) Der Weiße Strahl: S. 60 bis „Roter"
b) Roter: S. 60

Seite 61 wird vollständig gelesen:
Lichter und „Das Gebot des Meisters"

MITTWOCH / MERKUR – GELB

Lesen Sie die Seiten 1 bis 3. Auf der Seite 2 sprechen Sie innerlich die Buchstaben "E.w.I.T.D.S.d.H.J.C.S.G." folgendermaßen aus: „Ewig werde ich treuer Diener sein, des Herrn Jesus Christus, Sohn Gottes."

I. Teil:

a) der Anfangstext und
„Die Lichtstrahlen": S. 5 - 7
b) Der Geist der Weisheit /
Die Gelben Strahlen: S. 18 - 21

II. Teil: „Vater der Lichter"

a) Die Lichtstrahlen: S. 48
b) Gelbe Strahlen: S. 51 - 53

III. Teil: „Die Frucht des Geistes"

a) Der Weiße Strahl: S. 60 bis „Roter"
b) Gelber: S. 60

Seite 61 wird vollständig gelesen:
Lichter und „Das Gebot des Meisters"

DONNERSTAG / JUPITER – BLAU (O. ORANGE)

Lesen Sie die Seiten 1 bis 3. Auf der Seite 2 sprechen Sie innerlich die Buchstaben "E.w.I.T.D.S.d.H.J.C.S.G." folgendermaßen aus: „Ewig werde ich treuer Diener sein, des Herrn Jesus Christus, Sohn Gottes."

I. Teil:
a) der Anfangstext und
„Die Lichtstrahlen": S. 5 - 7
b) Der Geist der Wahrheit / Die Blauen
Strahlen: S. 30 - 32
II. Teil: „Vater der Lichter"
a) Die Lichtstrahlen: S. 48
b) Blaue Strahlen: S. 55 - 56
III. Teil: „Die Frucht des Geistes"
a) Der Weiße Strahl: S. 60 bis „Roter"
b) Blauer: S. 60
Seite 61 wird vollständig gelesen:
Lichter und „Das Gebot des Meisters"

FREITAG / VENUS – ROSA (O. GRÜN, O. KLARES BLAU)

Lesen Sie die Seiten 1 bis 3. Auf der Seite 2 sprechen Sie innerlich die Buchstaben "E.w.I.T.D.S.d.H.J.C.S.G." folgendermaßen aus: „Ewig werde ich treuer Diener sein, des Herrn Jesus Christus, Sohn Gottes."

I. Teil:
a) der Anfangstext und
„Die Lichtstrahlen": S. 5 - 7
b) Der Geist des Lebens*: S. 12 - 14

* Anm.: Die Farbe Rosa befindet sich nicht im physischen Licht. Deshalb kommen im I. Teil des Testaments Rosa Strahlen nicht vor. Dort sind nur die Roten Strahlen zu finden, da es sich um dieselbe Farbe in verschiedenen Oktaven handelt. Beim Lesen des Textes müssen wir uns jedoch bewusst die Farbe Rosa vor die seelischen Augen rufen.

II. Teil: „Vater der Lichter"

a) Die Lichtstrahlen: S. 48

b) Rosa Strahlen: S. 49

III. Teil: „Die Frucht des Geistes"

a) Der Weiße Strahl: S. 60 bis „Roter"

b) Rosa: S. 60

Seite 61 wird vollständig gelesen:

Lichter und „Das Gebot des Meisters"

SAMSTAG / SATURN – VIOLETT (O. BLAU)

Lesen Sie die Seiten 1 bis 3. Auf der Seite 2 sprechen Sie innerlich die Buchstaben "E.w.I.T.D.S.d.H.J.C.S.G." folgendermaßen aus: „Ewig werde ich treuer Diener sein, des Herrn Jesus Christus, Sohn Gottes."

I. Teil:

a) der Anfangstext und

„Die Lichtstrahlen": S. 5 - 7

b) Der Geist der Kraft /

Die Violetten Strahlen: S. 33 - 34

II. Teil: „Vater der Lichter"

a) Die Lichtstrahlen: S. 48

b) Violette Strahlen: S. 56 - 57

III. Teil: „Die Frucht des Geistes"

a) Der Weiße Strahl: S. 60 bis „Roter"

b) Violetter: S. 60

Seite 61 wird vollständig gelesen:

Lichter und „Das Gebot des Meisters"

Diejenigen, die sich schon eine gewisse Zeit mit dem Testament geübt haben, können ab und zu am Sonntag statt der Orangenen Strahlen die Amethystenen Strahlen lesen, wie folgt:

Lesen Sie die Seiten 1 bis 3. Auf der Seite 2 sprechen Sie innerlich die Buchstaben "E.w.I.T.D.S.d.H.J.C.S.G." folgendermaßen aus: „Ewig werde ich treuer Diener sein, des Herrn Jesus Christus, Sohn Gottes.“

I. Teil:
a) der Anfangstext und
„Die Lichtstrahlen“: S. 5 - 7
b) Der Geist der Gnade /
Die Amethystenen Strahlen: S. 35 - 39
II. Teil: „Vater der Lichter“
a) Die Lichtstrahlen: S. 48
b) Amethystene Strahlen: S. 57

III. Teil: „Die Frucht des Geistes“
a) Der Weiße Strahl: S. 60 bis „Roter"
b) Amethystener: S. 60
Seite 61 wird vollständig gelesen:
Lichter und „Das Gebot des Meisters“

Die Diamantenen Weißen Strahlen werden in der Regel nicht jeden Sonntag, sondern eher zu heiligen Festen gelesen, wie folgt:

Lesen Sie die Seiten 1 bis 3. Auf der Seite 2 sprechen Sie innerlich die Buchstaben "E.w.I.T.D.S.d.H.J.C.S.G." folgendermaßen aus: „Ewig werde ich treuer Diener sein, des Herrn Jesus Christus, Sohn Gottes.“
I. Teil:
a) der Anfangstext und
„Die Lichtstrahlen“: S. 5 - 7
b) Der Geist Christi / Die Diamantenen
Weißen Strahlen: S. 40 - 47
II. Teil: „Vater der Lichter“
a) Die Lichtstrahlen: S. 48

b) Weiße Strahlen: S. 58 - 59

III. Teil: „Die Frucht des Geistes"

a) Der Weiße Strahl: S. 60 bis „Roter"

b) Diamantener: S. 60

Seite 61 wird vollständig gelesen:

Lichter und „Das Gebot des Meisters"

Alle Verse können auch unabhängig vom Tag gelesen werden, wenn es konkrete Probleme oder Anliegen gibt. Diese können mit den einzelnen Farbstrahlen geistig erarbeitet werden (siehe Text ab Seite 2). Diese Verse können auch verwendet werden, um in sich eine bestimmte Tugend zu entwickeln, zum Heilen sowie zum Überwinden von Hindernissen u. a. Die verschiedenen Tugenden stehen jeweils in der linken Spalte des Textes. Die Verse, die gegenüber der konkreten Tugend beginnen, dienen zu ihrer Entwicklung. Die anderen Verse derselben Farbstrahlen ebenso. Die Orangenen Strahlen, beispielsweise, werden zum Heilen verwendet. Dies läuft folgendermaßen ab: Wir setzen uns bequem hin, ohne Finger, Arme, Beine oder Füße zu überkreuzen, mit aufrechtem Oberkörper, damit die Energien der Strahlen frei durch uns fließen können. In dieser Haltung beginnen wir mit Hilfe unserer Vorstellungskraft uns mit Orangenem Licht zu umhüllen, welches von einer gewissen Höhe senkrecht über dem Scheitel wie aus einer Dusche ausströmt. So, im Lichte eingetaucht, beginnen wir die Verse zu lesen. Analog kann mit jedem der Farbstrahlen gearbeitet werden. Eine starke Formel auf Watán (so nennt Peter Dunoff die Ursprache der Menschheit) beim Arbeiten mit den Orangenen Strahlen ist:

woáda kústa waewovór kalaíwi

Im Frühjahr 1912 zog Peter Dunoff nach Dorf Arbanasi, wo er zwei Monate ganz allein verbrachte, um dieses Büchlein anzufertigen. Als er die ersten Bücher des Testaments vergab, forderte er von denjenigen, die es bekamen, geistig zu arbeiten, das Testament zu bewahren, es immer mitzuhaben, und wenn die Zeit zum Übergang kommt, es einer ergebenen und liebenden Seele zu geben. In der Struktur dieses Testaments liegen viele Geheimnisse des Seins versteckt, weswegen es nicht jedem Beliebigen weitergegeben werden darf.

Dunoff sagt, dass das Licht verdichtete Information ist, welches von den Gedanken der höheren Wesen der verschiedenen Sterne ausgesendet wird. Die einzelnen Farbstrahlen stellen unterschiedliche Schichten dieser Information dar. Auf dieser Basis sind die verschiedenen Verse der Bibel entnommen worden. Wenn wir uns mit dem Licht verbinden und in diesem Zustand die Verse lesen sowie über sie nachdenken, beginnt das Wort uns seinen tiefen Inhalt zu enthüllen. Es offenbart uns neue Dimensionen der Erkenntnis der Wahrheit, die im normalen Zustand für uns unzugänglich sind. Dies genau ist gemeint mit dem Vers: „Seid als neugeborenen Kindlein begierig nach der unverfälschten Milch des Wortes" (1 Petr 2:2, S. 26 und 43), in dem die Milch mit ihrer weißen Farbe das Licht symbolisiert.

Eines der Symbole des Wortes „Tag" ist auch Licht. Da das Licht von Natur aus siebenteilig ist, beträgt der Zyklus der Offenbarung Gottes 7 Tage. Diese Idee kommt zum Ausdruck im Vers: „Und das Licht der Sonne wird siebenfach sein wie das Licht von sieben Tagen." (Jes 30:26, S. 6). Das Testament besteht aus 61 (6+1) Seiten, 6 Tage Schöpfung und ein Tag Ruhe. Auf Seite 61 gibt es 7 (!) Verse und „Das Gebot des Meisters", welches die Struktur des gesamten Testamentes spiegelt, wie wir gleich sehen werden.

Die Figur „Pentagramm" bezeichnet Peter Dunoff als Symbol des vollkommenen Menschen. Seine 5 Schenkel sind die ersten 5 Farben des Buches, welche die 5 Haupttugenden, die den vollkommen Menschen bilden, darstellen: Die Liebe - Rot, Die Weisheit - Gelb, Die Wahrheit - Blau, Die Gerechtigkeit - Grün,

Das Gute - Orange. „Das Gebot des Meisters" besitzt die schon erwähnte dreigliedrige Struktur: Anfangssatz, Haupttext und Schlusssatz. Wenn wir aber etwas detaillierter hinschauen, finden wir auch den Zyklus der sieben Tage in ihm eingebaut, in Bezug auf die oben genannten Tugenden und den ihnen entsprechenden Farben:

Anfangssatz: „Liebe den vollkommenen Weg der Wahrheit und des Lebens."

I. Tag: „Setze das Gute als Grundlage deines Hauses," - das Gute im Pentagramm ist mit der Orangen Farbe dargestellt, die dem Sonntag entspricht;

II. Tag: „die Gerechtigkeit als Maß," - die Gerechtigkeit hat die Grüne Farbe, die dem Montag entspricht;
III. Tag: „Die Liebe als Verschönerung," - Rot, Dienstag;
IV. Tag: „Die Weisheit als Zaun" - Gelb, Mittwoch;
V. Tag: „und die Wahrheit als Leuchte." - Blau, Donnerstag

Schluss:
VI. Tag: „Nur dann erkennst Du mich..." - Gott kann nur durch den Sohn erkannt werden, da der Vater das alle Möglichkeiten enthaltende Unoffenbarte ist, welches sich uns gegenüber durch Christus manifestiert. Christus lebt in der Farbe Rosa, sagt Peter Dunoff, die dem Freitag entspricht.
„Gott ist Liebe." (1 Joh 4:8) und Ihn zu erkennen heißt, unsere Herzen für diese große Liebe zu erweitern.
VII. Tag: „...und Ich offenbare mich dir." - wenn diese Liebe sich in uns offenbart, dann sind wir vollendet, denn „die feste Speise ist für die Vollkommenen" (Hebr 5:14). Wobei „die feste Speise", nach Peter Dunoff, ein Symbol für die Liebe Gottes ist. Das Vollenden (S. 38) findet am siebten Tag statt, der dem Samstag entspricht. In den vorigen 6 Sätzen waren wir die aktiven- wir müssen die 5 Tugenden setzen und Gott

erkennen; nur im 7. Satz ist Er aktiv und offenbart sich. An 6 Tagen musste er durch und auf uns arbeiten, am 7 Tag nur, wenn wir vollendet sind, kann Er sich frei offenbaren. Dies ist das Ruhen am 7.Tag im biblischen Sinne, welches durch den grammatikalischen Aufbau des Gebots des Meisters an dieser Stelle zum Ausdruck kommt.

Dieser Grundzyklus des Seins projiziert sich auf alle anderen Prozesse in der Offenbarung. 7 ist der Rhythmus des Alls, aus dem die Ungleichmäßigkeit aller Zyklen in der Natur entsteht. Das menschliche Bewusstsein ist nicht in der Lage, diese Ungleichmäßigkeit zu begreifen. Deshalb gleichen wir Menschen alle Erscheinungen im Leben und in der Natur als sich identisch wiederholende Zyklen an, damit unser Bewusstsein sie erfassen und erforschen kann. Im Arbeitsprozess aber sehen wir uns gezwungen, hin und wieder die Abweichungen, die sich dadurch ergeben, anzugleichen. Mit anderen Worten: Das menschliche Selbstbewusstsein hat sich noch nicht für das allumfassende Leben geöffnet, in dem das einzige Ziel des Seins das Erkennen von Gott und die Vereinigung mit Ihm durch die Liebe ist. Genau durch die 7 machen wir diesen wesentlichen Schritt in unserer Geistigen Entwicklung, in unserer Entwicklung zum Geiste. Genau das Licht wird unsere erhabene Natur erwecken, mit der wir die Realität, die Wahrheit erkennen werden. Wenn wir uns bewusst mit ihm verbinden, werden sich in uns die den Farbstrahlen entsprechenden Tugenden entwickeln, und so werden wir „nach dem Ebenbild Gottes“ sein. So werden wir zu einem liebenden Wesen. Darin besteht die Methode „Das Testament der Farbigen Strahlen des Lichtes“

Verfasst aufgrund der Benutzungsanleitungen von Bojan Boev, Dimiter Golov und verschiedener Aussagen und Texten des Meisters Peter Dunoff von Svetoslav Costoff.

DIE VERWENDETEN ABKÜRZUNGEN DER BÜCHER DER BIBEL

Das alte Testament

Gen	Das erste Buch Mose/Genesis
Ex	Das zweite Buch Mose/Exodus
Num	Das vierte Buch Mose/Numeri
Dtn	Das fünfte Buch Mose/Deuteronomium
Jos	Das Buch Josua
1 Sam	Das erste Buch Samuel
2 Sam	Das zweite Buch Samuel
2 Kön	Das zweite Buch der Könige
Esr	Das Buch Esra
Ijob	Das Buch Iiob
Ps	Die Psalmen
Spr	Die Sprüche
Koh	Die Prediger
Hld	Das Hohelied
Jes	Der Prophet Jesaja
Jer	Der Prophet Jeremia
Klgl	Die Klagelieder
Dan	Der Prophet Daniel
Hos	Der Prophet Hosea
Joel	Der Prophet Joel
Am	Der Prophet Amos
Hag	Der Prophet Haggai
Sach	Der Prophet Sacharja
Mal	Der Prophet Maleachi

DAS NEUE TESTAMENT

Mt	Das Evangelium nach Matthäus
Mk	Das Evangelium nach Markus
Lk	Das Evangelium nach Lukas
Joh	Das Evangelium nach Johannes
Apg	Die Apostelgeschichte
Röm	Der Brief an die Römer
1 Kor	Der erste Brief an die Korinther
2 Kor	Der zweite Brief an die Korinther
Gal	Der Brief an die Galater
Eph	Der Brief an die Epheser
Phil	Der Brief an die Philipper
Kol	Der Brief an die Kolosser
1 Tess	Der erste Brief an die Thessalonicher
2 Tess	Der zweite Brief an die Thessalonicher
1 Tim	Der erste Brief an Timotheus
2 Tim	Der zweite Brief an Timotheus
Tit	Der Brief an Titus
Hebr	Der Brief an die Hebräer
Jak	Der Brief an Jakobus
1 Petr	Der erste Brief des Petrus
2 Petr	Der zweite Brief des Petrus
1 Joh	Der erste Brief des Johannes
Offb	Die Offenbarung

ALPHABETISCHES STICHWORTVERZEICHNIS DER FARBIGEN STRAHLEN UND DER TUGENDEN

ANMERKUNGEN ZUM ERSTELLEN DIESER AUSGABE

Die hier vorliegende deutsche Ausgabe „Das Testament der Farbigen Strahlen des Lichtes“ von Peter Dunoff * ist das Ergebnis der Zusammenarbeit eines bulgarisch-deutschen Übersetzerteams.

Nachfolgend findet der Leser eine Beschreibung unserer Vorgehensweise sowie eine Aufzählung der dabei verwendeten Literaturquellen. Höchste Priorität des Teams war es, das Testament aus dem Jahr 1912 (Tarnovo, Bulgarien) so authentisch wie möglich in deutscher Sprache vorzulegen. Diese erste bulgarische Ausgabe beinhaltete 61 Seiten, ohne Hinweise und Anmerkungen im Buch, genau so wie der Leser sie hier vorfindet. Peter Dunoff gab diese immer wieder in seinen Vorlesungen und Gesprächen. Da sich möglicherweise Leser für dieses Buch interessieren, die wenig oder gar nichts über die Lehre des Meisters wissen, haben wir jedoch einen Anhang, in Anlehnung des Anhangs der siebten Ausgabe „Das Testament der Farbigen Strahlen des Lichtes“ (2006, Verlag „Bjalo Bratstvo“, Sofia) hinzugefügt. Außerdem beinhaltet er aber auch Texte, die vom Übersetzerteam eigens für die deutschsprachige

* Das bulgarische Übersetzerteam hat entschieden, den Namen des Meisters Beinsa Duno, mit bürgerlichem Namen im europäischen Sprachgebrauch bisher bekannt unter der Schreibweise Peter Deunov, Peter (Petar) Danov oder Peter Dunov, nur noch in der Originalversion des Meisters selbst zu schreiben.
Im Jahr 2007 bekam die bulgarische Bruderschaft die Diplomarbeit von Peter Dunoff aus den USA. Er hatte 1893 an der Universität von Boston seine Diplomarbeit verteidigt. In dieser liegt die Unterschrift von ihm in der Form vor, wie er selbst seinen Namen mit lateinischen Buchstaben geschrieben hat: Peter Dunoff.

Leserschaft verfasst wurden (speziell das Kapitel: „Wie ´Das Testament der Farbigen Strahlen des Lichtes` gelesen und verwendet wird" sowie diese Anmerkungen).

Für die Übersetzung konnten wir eine Fotokopie der von Peter Dunoff verwendeten bulgarischen Bibel nutzen. Es ist die „Bibel, d.h. die Heilige Schrift des Alten und des Neuen Testaments" von Adolf Holzhausen, Wien 1885, für die britische ausländische biblische Gesellschaft in bulgarischer Sprache. Aus Gründen der vereinfachten Lesbarkeit wird diese Bibel im Folgenden „die bulgarische Bibel" genannt.

Es wurde keine deutschsprachige Version dieser verwendeten bulgarischen Bibel gefunden. Daher stützen wir uns bei der Übersetzung hauptsächlich auf folgende deutsche Bibeln:

- Die Heilige Schrift des Alten und Neuen Testaments nach den Grundtexten übersetzt und herausgegeben von Prof. Dr. Vinzenz Hamp, Prof. Dr. Meinrad Stenzel, Prof. Dr. Josef Kürzinger, Pattloch Verlag1994, Printed in Great Britain;
- Die Heilige Schrift, übersetzt von Hermann Menge, Deutsche Bibelgesellschaft, 13. Aufl., Stuttgart, 2000;
- Elberfelder Bibel, Schreibrandausgabe, R. Brockhaus Verlag Wuppertal, Christliche Verlagsgesellschaft Dillenburg, 1. Auflage der Schreibrandausgabe 2006;
- Quadro Bibel 4.0, Die fünf wichtigsten deutschen Bibelübersetzungen und drei Bibellexika auf CD-Rom, 2007 Deutsche Bibelgesellschaft, Stuttgart, www.bibelgesellschaft.de;

- www.bibleserver.com, Ihre Bibel im Netz, speziell: Lutherbibel 1984, Rev. Elberfelder, Einheitsübersetzung, Schlachter 2000 und Hoffnung für alle. (zugegriffen von Nov. 2008 bis März 2010);
- www.die-bibel.de (zugegriffen im März 2010);
- Die Tafelbibel (Philadelphia 1911)
- Interlineare Bibel (bibel.myvnc.com)

Die Benutzung nur einer deutschen Bibelvorlage konnte unseren Anspruch, die Bibelverse so nah wie möglich am bulgarischen Originaltext zu übersetzen, nicht erfüllen. In der Elberfelder Bibel, in der Schlachter-Bibel 2000, in der Lutherbibel 1984 und in der Einheitsübersetzung entdecken wir am häufigsten Verse, die mit den bulgarischen Versen identisch oder doch sprachlich und inhaltlich sehr ähnlich waren. Die unterschiedlichen Bibelübersetzungen in der deutschen Sprache sind nach unserem Erachten das Ergebnis verschiedener Übersetzungsmöglichkeiten. Auf dieser Grundlage wurden Verse aus unterschiedlichen deutschen Bibeln verwendet, aber auch Verszeilen aus den verschiedenen Bibelversionen miteinander kombiniert, um die bestmögliche Authentizität der bulgarischen Originalversion zu bewahren, ohne vom vorhandenen deutschen Bibeltext abzuweichen. Waren die Abweichungen jedoch auch dann noch zu groß, wurde ausnahmsweise wortwörtlich aus dem Bulgarischen ins Deutsche übersetzt (s. u. zur 3. Kategorie).

Da das Übersetzerteam sich entschieden hatte, das Originalbuch von 1912 so authentisch wie möglich auf

Deutsch wiederzugeben, verzichtete es im laufenden Text auf Fußnoten, wie sie in der siebten Ausgabe von 2006 zu finden sind. Damit der Leser jedoch die Möglichkeit hat, Abweichungen in Versteilen des vorliegenden Testaments von den deutschen Bibeln nachzuvollziehen, sind hier die Unterschiede in 4 inhaltliche Kategorien untergliedert und erklärt.

1. Kategorie: Versteile, die Peter Dunoff selbst leicht geändert hat.
2. Kategorie: von Peter Dunoff Hinzugefügtes.
3. Kategorie: Versteile, bei denen die wortwörtliche Übersetzung des bulgarischen Bibelverses vorgezogen wurde.
4. Kategorie: Sonstige

Zur 1. Kategorie: Versteile, die Peter Dunoff selbst leicht geändert hat.

S. 15, Ps 41:5 (4) - In der Rev. Elberfelder steht stattdessen: „Herr, sei mir gnädig! Heile meine Seele, ...".

S. 16, 2 Kor 13:11 - In den verwendeten deutschen Bibeln steht „eines Sinnes", in der bulgarischen Bibel „einheitlich denken".

S. 18, Jes 45:3 - In der Einheitsübersetzung heißt es: „Ich gebe dir verborgene Schätze ..., die im Dunkel versteckt sind."

S. 22, Ijob 8:16 - In der Einheitsübersetzung steht: „Er steht im Saft vor der Sonne, seine Zweige überwuchern den Garten." Die Rev. Elberfelder und Luther 1984 schreiben „seinen Garten".

S. 24, Ps 100:4 - In Luther 1984 steht: „Gehet zu seinen Toren ein mit Danken, zu seinen Vorhöfen mit Loben; ....".

S. 24, Ps 34:10 (9) - Statt „Fürchtet" und „fürchten" hat P. Dunoff „Liebet" und „lieben" eingesetzt.

S. 25, Joh 6:10 - In der Einheitsbibel steht: „Lasst die Leute sich setzen! Es gab dort nämlich viel Gras."

S. 27, Ijob 11:17, unten - wortwörtliche Übersetzung; P. Dunoff hat den Vers in der ersten Satzhälfte leicht verändert. In der Rev. Elberfelder steht: „Und heller als der Mittag wird (dein) Leben aufgehen; ...".

S. 31, Jes 54:11,12 - Statt „Rubinen" (Rev. Elberfelder od. Schlachter) setzt P. Dunoff „Achat" ein.

S. 32, Ps 85:12 (11) - In Schlachter 2000 steht: „Die Wahrheit wird aus der Erde sprossen und Gerechtigkeit vom Himmel herabschauen."

S. 35, 1 Tim 2:4 - Von P. Dunoff so verändert (Gott will ...). In der Rev. Elberfelder: 1 Tim 2:3 „Dies ist gut und angenehm vor unserem Retter - Gott, 2:4 welcher will, dass alle Menschen gerettet werden ...".

S. 35/36, Sach 9:16 - In der Rev. Elberfelder steht: „Denn Steine an seinem Diadem sind sie, die über seinem Land funkeln." P. Dunoff verändert in: „Dann sind sie Steine an seinem Diadem, sie funkeln in seinem Lande."

S. 36, Ps 115:1 - In den deutschen Bibeln heißt es: „Nicht uns, Herr, nicht uns ...".

S. 38, Sach 8:13 - In den deutschen Bibeln steht statt „gesegnet" - „ein Segen".

S. 41, Joh 8:12 - In der Bibel sagt Jesus: „Ich bin das Licht der Welt, ...".

S. 42, Jes 28:16 - In der Zürcher-Bibel steht: „Wer an ihn glaubt, wird nicht bloßgestellt werden." - In der griechischen Übersetzung heißt es: „Wer glaubt, der wird nicht zuschanden."

S. 48, Hebr 1:3 - P. Dunoff setzte für „Er“ oder „Dieser“ Christus. Und statt, „ ... mit seinem kräftigen Wort.“ (Lutherbibel 1984) schreibt P. Dunoff „ ... mit der Kraft seines Wortes.“.

S. 58, Hebr 6:1 - In der Luther-Bibel heißt es: „Darum wollen wir jetzt lassen, was am Anfang über Christus zu lehren ist, und uns zum Vollkommenen wenden.“ Statt „lassen“ hat Peter Dunoff „beginnen“ geschrieben.

Zur 2. Kategorie: von Peter Dunoff Hinzugefügtes.

Die *kursiv* geschriebenen Worte sind die, die von Peter Dunoff eingefügt wurden:

S. 6, 1 Kor 12:11 - „Dies alles aber wirkt ein und derselbe Geist, der jedem *Menschen* persönlich zuteilt, wie er will.“

S. 7, Offb 4:5 - „ ... sieben Geister Gottes, *ausgesandt über die ganze Erde.*“ - P. Dunoff fügt hier nochmals diese Worte hinzu, die in der Bibel im Vers Offb 5:6 (im Testament S. 5) zu finden sind.

S. 10 zwischen Jer 15:20 und Jes 51:12 - *„Der Geist des Trostes.“*

S. 13, Jos 10:25 - „ ... seid mutig und stark, *so schreitet ihr voran.“*

S. 16, Spr 4:20, 22 - „*Meine Worte*, sind das Leben, ... “

S. 22, Gen 2:15 - *„Und in ihm war der Baum des Lebens.“*

S. 26, Joh 14:26 - Luther-Bibel: „Aber *wenn* der Tröster *kommt*, der Heilige Geist, den mein Vater senden wird in meinem Namen, Der wird euch alles lehren und euch an alles erinnern, was ich euch gesagt habe.“

S. 26, Joh 7:38 - „*Trink* - Ströme lebendigen Wassers werden fließen.“

S. 28, vor Mt 11:29 - *„Dort ruht sich der Müde aus."*

S. 31, letzter Satz der Seite - *„Deine Wahrheit bleibt in der Ewigkeit."*

S. 37, Ex 3:4, 5 - „Gott sprach: *Höre*, zieh deine Schuhe ..."

S. 40 - Von *„Der die sieben Siegel löst ..."* bis „ ... *macht die gesamte Göttliche Liebe, Weisheit und Wahrheit offenbar."*

S. 42, unten, letzter Absatz, 1 Petr 2:1 - *„Und so, ihr, die ihr euch zu diesem Stein nähern wollt ..."*

S. 60, Sach 3:9 (8. Diamantener) - *„Weißes Steinchen* mit sieben Augen."

S. 61, Lichter - *„Die sieben Geister. Die sieben Strahlen. Die sieben Wohlklänge. In Fülle der Göttlichen Einheit"* und *„Das Gebot des Meisters"*

Zur 3. Kategorie: Versteile, bei denen die wortwörtliche Übersetzung des bulgarischen Bibelverses vorgezogen wurde.

S. 1, Gal 5:22, 23 - In der Rev. Elberfelder Bibel steht Freundlichkeit statt Güte, Güte statt Barmherzigkeit, Treue statt Glaube. Es wurde hier wortwörtlich übersetzt, weil viele dieser Tugenden im weiteren Text als Überschriften in der linken Spalte verwendet werden und somit in Bezug zu diesem Bibelvers stehen.

S. 6, Am 5:8 - In den deutschen Bibelversionen steht: „Suchet den" nur unter Amos 5:6, in der bulgarischen Bibel unter Amos 5:6 und Amos 5:8.

S. 10, Jer 8:18 - Der erste Satz dieses Verses ist wortwörtlich übersetzt, da alle deutschsprachigen Bibelversionen zu stark abweichen. In der Rev. Elberfelder heißt es z. B.: „Unheilbar steigt Kummer in mir auf!"

S. 13, Ps 68:29 (28), Ps 89:22 (21), Ps 84:8 (7) - In den deutschsprachigen Bibeln, die sich auf den hebräischen Grundtext beziehen, verschiebt sich die Nummerierung der Psalmen bei einigen Versen gegenüber Bibeln, die sich auf griechische Übersetzungen des Alten Testaments stützen. Alle Psalmen-Bibelverse mit einer Ziffer und einer Ziffer in Klammern dahinter (z. B. Ps 68:29 (28)) bedeuten, dass die Verszahl ohne Klammer, hier im Bsp. 29, die Nummerierung der deutschsprachigen Bibel ist und die Zahl in der Klammer (28) die Verszahl im bulgarischen Original.

S. 14, Gal 5:1 - In der Rev. Elberfelder steht hier: „Für die Freiheit hat Christus uns frei gemacht. Steht nun fest und lasst euch nicht wieder durch ein Joch der Sklaverei belasten!"

S. 18, Ijob 28:17 - In den deutschen Bibelversionen wird statt „Kristall" immer „Glas" übersetzt (z. B. edles Glas oder Prachtglas).

S. 27, Ijob 11:17, oben - Im bulgarischen Original steht „Zeitalter", statt „Leben" wie in den deutschsprachigen Bibeln.

S. 27, Ijob 11:17, unten, zweite Satzhälfte - In der Rev. Elberfelder steht: „ ...; mag es finster sein - wie der Morgen wird es werden.

S. 29, 1 Kor 15:42 (43) - In der bulgarischen Bibel gehört dieser Satz schon zu Vers 43, in der Rev. Elberfelder zu Vers 42.

S. 30, Ps 119:160 - In mehreren deutschsprachigen Bibeln steht „Summe" oder „Wesen", statt „Haupt", wie in der bulgarischen Bibel.

S. 32, Ps 89:25 (24) - In den deutschsprachigen Bibeln steht statt „Wahrheit" - „Treue" und statt „Güte" - „Gnade/ Huld". In der Rev. Elberfelder und in der Lutherbibel steht wiederholt vermerkt, dass das hebräische Grundwort sowohl Wahrheit, als auch Treue bedeuten kann. Manchmal steht aber für Treue auch Glauben.

S. 46, Jes 26:2 - In den deutschsprachigen Bibeln steht statt „Wahrheit" - „Glauben" oder „Treue".

Zur 4. Kategorie: Sonstige

S. 1 - Zwischen dem Buchtitel und dem Bibelvers Gal 5:22, 23 findet der Leser die heilige Unterschrift des Meisters Beinsa Duno.

S. 2 - Im Original stehen nur die bulgarischen Anfangsbuchstaben der Worte „Винаги ще съмь преданъ рабъ на Господа Исуса Христа Синь Божий" sowie das Datum „15 августь, Търново, ацві (1912)." Hier steht es dementsprechend auf Deutsch: „Ewig werde Ich Treuer Diener Sein, des Herrn Jesus Christus, Sohn Gottes".

S. 6: Die Zeile „Er heißt Herr. Vater der Lichter." „Er heißt Herr." - ist noch aus Am 5:8, „Vater der Lichter." - ist aus Jak 1:17. P. Dunoff hat beide Verse auf eine Zeile gesetzt.

S. 13 u. a.: der Herr Jehova - In den deutschen Bibeln ist diese Anrede nicht üblich und wird oft als Gott der Herr umschrieben. Alle Wesen sind Offenbarungen Gottes und die verschiedenen Namen Gottes in der Heiligen Schrift stellen verschiedene Schichten seines Wesens dar. Aus diesem Grund haben wir uns entschieden seinen Namen wie in der bulgarischen Bibel zu schreiben.

S. 22, Gen 2:9 und S. 23, Jer 11:16 - Die herausgenommenen Versteile sind sowohl in der bulgarischen als auch in der deutschen Bibel im Akkusativ geschrieben. Nominativ- und Akkusativsätze sind im Bulgarischen in diesen Versstellen phonetisch identisch. Aber so entnommen sind die bulgarischen Versteile wie Nominativsätze zu verstehen. Deshalb erlaubten wir uns, die deutschen Akkusativsätze (Satzteile) in den Nominativ zu setzen.

Dem Leser werden die verschiedenen Schriftweisen und Schreibeigenheiten im Testament aufgefallen sein. Wie in vielen anderen Sprachen, werden auch im Bulgarischen Substantive klein und nur die Eigennamen groß geschrieben. Peter Dunoff hat in der Originalversion von 1912 inhaltlich bedeutungsvolle Worte mit großem Anfangsbuchstaben geschrieben und sie damit bewusst hervorgehoben.

Damit diese Betonungen in der vorliegenden deutschen Übersetzung erkenntlich werden, wurden diese Worte (Substantive und Pronomen) in folgender Art und Weise dargestellt, Bsp.: HERRLICHKEIT, WESEN, KRAFT, LEBEN, STEIN oder ICH, ER, DER, SEIN u. a.

Geistig-spirituelle oder geistlich-religiöse Worte, wie Gott, Vater, Herr, Allmächtiger u.a.m. werden in der bulgarischen Sprache generell groß geschrieben, so auch in den bulgarischen Bibeln. Wir versuchen dies in der deutschen Ausgabe zum Ausdruck zu bringen, indem wir diese Worte um einen Schriftgrad größer darstellen, beispielsweise Gott, Vater, Herr, Geist u.s.w.*

Auf der Seite 5 hat das Übersetzerteam bis Eph 1:13 auf Hervorhebungen dieser Art verzichtet, weil der Text bis dahin schon sehr unterschiedlich stark betont ist und wir die Seite nicht unnötig überladen wollten.

Auch geistig-spirituell bedeutungsvolle Adjektive wie z.B. „Göttlich“ oder „Farbige“ im Titel „Das Testament der Farbigen Strahlen des Lichtes“ oder die einzelnen Farben der Farbstrahlen des Lichtes an sich, wurden von uns bewusst groß geschrieben. Einerseits in Anlehnung an den eben erwähnten Sachverhalt der generellen Großschreibung religiös-spiritueller Worte im Bulgarischen. Andererseits wollen wir bewusst die „Farbigen Strahlen des Lichtes“ als geistiges Licht, als geistige Wesen von den für uns physisch sichtbaren Farben unterscheiden.

Die Farbe „Orange“ wurde von der deutschsprachig korrekt gebeugten Form in die umgangssprachliche verändert, um die sprachliche Einheitlichkeit der Farben im Text zu bewahren. Aus diesem Grund wurde auch die im Deutschen nicht gebräuchliche Farbe „Amethysten“ so wie die „Diamantene“ Farbe gebeugt.

Wenn Peter Dunoff Satzteile durch erweiterte Schrift oder andersartig hervorhob (z. B. mehrmalige Doppelpunktverwendung in einem Satz), wurde dies in der Übersetzung so übernommen, wie ebenfalls die

---

* In der deutschen Sprache wurden ca. ab dem 13. Jh. wichtige geistig-spirituelle Worte wie Nomina Sacra im Satzinneren groß geschrieben. Allmählich wurde diese Großschreibung auch auf hohe Amtsbezeichnungen und auf andere besonders hervorzuhebende Dinge oder Personen ausgedehnt. Im 17. Jh. einigte man sich im deutschsprachigen Raum, alle Substantive (Hauptwörter) groß zuschreiben. (dtv-Atlas, Deutsche Sprache, 16. Aufl., 2007)

ungewöhnliche Punktation der Überschriften im Verstext und in der linken Spalte.

Dem Leser ist vielleicht mehrmals aufgefallen, dass scheinbar auf einigen Seiten, wie z. B. Seite 29 oder Seite 18, Spr 4:8,9 bei den Versen die sonst üblichen Einzüge fehlen. Das bulgarische Übersetzterteam teilte uns mit, dass P. Dunoff an diesen Stellen die Bibelverse bewusst so verbunden hat, so wie er sie an anderen Stellen bewusst unterteilt hat (z. B. Seite 15, Ex 15:26 oder Seite 22, Gen 2:15).

Dem deutschen Übersetzerteam ist außerdem aufgefallen, dass an vielen Stellen, an denen in den deutschen Bibeln „Mann" verwendet wird, in der bulgarischen Bibel „Mensch" steht, z.B. S. 7, Sach 4:1, 2 oder S. 14, Jak 1:12.

So, hoffen wir, erhält der deutschsprachige Leser einen möglichst authentischen Eindruck von dem Buch „Das Testament der Farbigen Strahlen des Lichtes" von 1912.

INHALTSVERZEICHNIS „DAS TESTAMENT DER FARBIGEN STRAHLEN DES LICHTES"

INHALTSVERZEICHNIS FÜR DEN ANHANG

Der Meister Peter Dunoff
(Beinsa Duno)

DAS TESTAMENT DER FARBIGEN STRAHLEN DES LICHTES

Zweite deutsche Auflage
Übersetzung der ersten bulgarischen Originalausgabe von 1912, Veliko Tarnovo

Redaktion, Übersetzung und Layout:

Karin Frenzel
Sorniza Costoff
Svetoslav Costoff
Kathrin Schwarzkopf

Herausgeber: Paneurythmie Berlin e.V.
(In Zusammenarbeit mit Bialo Bratstvo Bulgarien)
Verlag: Der Erzählverlag
2023 Berlin

www.paneurythmie-dach.de

ISBN 978-3-947831-99-9